出版人に聞く case study vol. 20

『暮しの手帖』と花森安治の素顔

河津一哉＋北村正之
KAWAZU Kazuya + KITAMURA Masayuki

論創社

『暮しの手帖』と花森安治の素顔　目次

第Ⅰ部

第Ⅱ部

第Ⅲ部

目　次

第VI部

『暮しの手帖』と花森安治の素顔

インタビュー・構成　小田光雄

第Ⅰ部

1　前口上

――今回は『暮しの手帖』の編集者だった河津一哉さんと北村正之さんにお越し頂きました。
河津さんは一九五七（昭和三二）年、北村さんは六九（昭和四四）年に入社されています。そこで主として五七年からのことを河津さん、六九年以後のことを北村さんからお話し頂き、五〇年代から九〇年代にかけての花森安治と『暮しの手帖』の周辺の事柄をうかがっていくつもりでおります。
これは北村さんと一緒に『花森安治戯文集』などを出版しているＬＬＰブックエンドの中村文孝さんから聞いたのですが、もはや花森を直接知っている人も少なくなっているとのことです。

河津　本当に知らない人が増えましたね。

北村　それでもまだ若干は残っていると思いますけど。

――そのことに関しては象徴的な光景を見たばかりです。テレビで『とと姉ちゃん』

をやっているからでしょうが、公共図書館で『暮しの手帖』フェアをやっていた。

ところがそのフェアの中で最も多いのが松浦弥太郎の本で、十冊ほどが陳列されていた。これはまずいなと思いましたが、今だとそうなってしまうんですね。

そこで今回はこれまでの特異な雑誌と伝説的編集者という従来のストーリーとは若干異なる、花森と『暮しの手帖』の固有の関係、及び花森という存在に関して、お二人から語って頂きたいと思います。

まず河津さんが一九五七年に入社した時のことからお聞きしたい。『一戔五厘の旗』の中で、若くして亡くなった編集者の林澄子への追悼の一文「世界はあなたのためにはない」がありますが、彼女とは同期入社ですよね。

2　河津入社事情

河津　ええ、そうです。一九五七年に初めての公募で暮しの手帖社に三人入りまして、女性が林さん、男のほうが私と宮岸毅さんだった。

――どういう経緯と事情で、河津さんは入社されたのでしょうか。そこら辺のストーリーをうかがいたいのですが。

河津　私は熊本出身なんですが、東京に出てきて親戚の家に下宿した。その親戚は裁判所勤めで転勤していたので、私が留守番のようなかたちで住み始めた。その家に『暮しの手帖』の初期の古い号があった。

第7号で、それは小紋の柄の特集でしたけど、すごくハイカラで、「亡びるにせよ、亡びぬにせよ」に始まる花森署名の「前書き」を読んでびっくりしてしまった。フェミニズムというのか、花森さんが影響をうけた平塚らいてうらの思想が顔をのぞかせている。

――7号といいますと、まだ『美しい暮しの手帖』の時代ですね。

河津　そうです。五三年の22号から「美しい」がとれて、『暮しの手帖』になっていますから。

――その河津さんが手にした当該号は入手できませんでしたが、北村さんがここに創刊1号から3号まで、それから当時の増刊号的な『家中みんなの下着』を持参してくれましたので、それらの表紙を掲載しておきたいと思います。

河津　これは懐かしいですね。暮しの手帖社にはバックナンバーが揃っていましたが、個人では持っていませんでしたので。

北村　かなり前に古本屋で入手したんですが、さすがに七十年前のものであるだけに、痛みが生じています。

――でも今では古書市場でも入手は難しいでしょうし、こうして実物を見ることができるだけでも幸運だと思わなければ。

河津さんが最初に読まれたのも、同じ判型だったんでしょうね。

河津　ほぼ同じですが、ページ数は増えていたはずです。巻末に「1号からの項目別総目次」としてバックナンバーの記事の目次がついていましたから。

第二号
美しい
暮しの手帖
FRUITS
Say it with Flowers

第一号
美しい
暮しの手帖

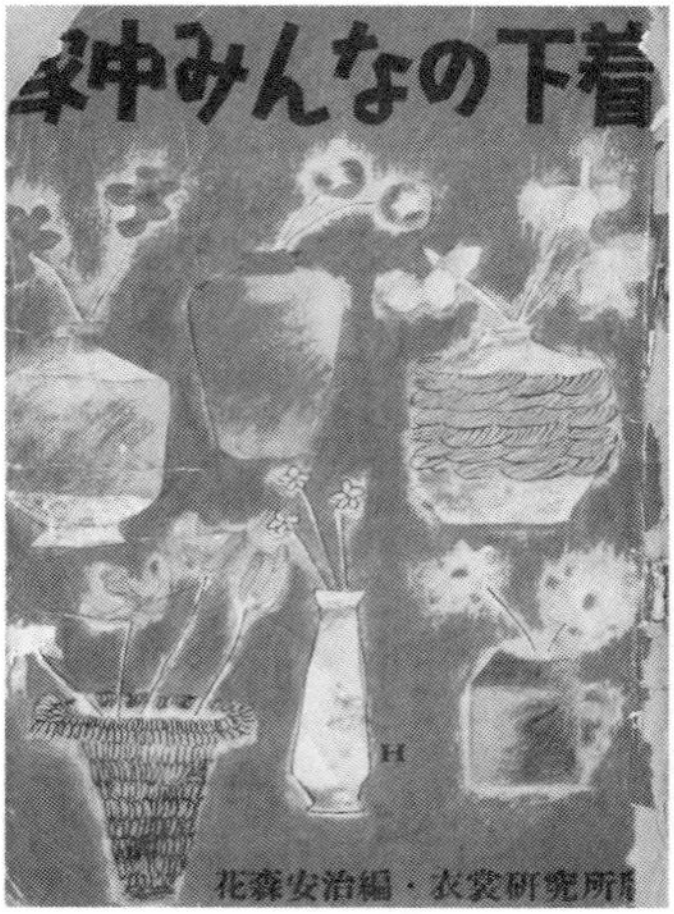
家中みんなの下着
花森安治編・衣裳研究所

第三号
美しい
暮しの手帖

3　創刊号の目次

――このような機会を得たことですし、創刊号の目次を掲載することにします。

河津　『暮しの手帖』の原点ですし、写真ページには大橋姉妹も出揃っている。ぜひ掲載して下さい。

これらの写真や記事からわかると思いますが、私の母親は『主婦の友』と『婦人倶楽部』の愛読者だったこともあって、所謂婦人雑誌の世界は少しばかり知ってはいたけれど、この雑誌は、いささか毛色というか姿勢がちがう。本当に驚いてしまったわけです。

でもそのことはしばらく忘れていたんですが、就職の時になって大学の学務課に募集掲示があるのを見つけた。当時花森さんはテレビの座談会などに出たりしていて、『暮しの手帖』の知名度も上がっていたはずです。それで『暮しの手帖』を読んで驚いたことを思い出し、興味津々で作文を書いて提出した。すると、東麻布の研究室で試験をするので集まるようにとの連絡がきた、それで試験を受けた。それは確か五十人ほどでした。

――当時は公募の場合、大学指定があったですか。

暮しの手帖　第一號　目次

表紙　花森安治
寫眞　松本政利　林重男
裝釘　花森安治　草加やす子
編集　大橋鎭子　中野家子　横山晴子
　　　大橋芳子　清水洋子
進行　横山啓一

河津　どうだったんでしょうか、私の受けた年の暮しの手帖社の求人事情はわかりませんが、後々のことを考えますと、関西大学とか、大阪の私学からも結構きていました。

――『花森安治の編集室』（晶文社）を著した唐澤平吉は関西大学出身とあり、これは蛇足かもしれませんが、その「あとがき」には資料提供として河津さんの名前も見えています。

河津　ええ、ですから特に大学指定はなかったのではないかと思いますし、花森さんの出身でもあり、関西でも広く含まれていたんじゃないでしょうか。

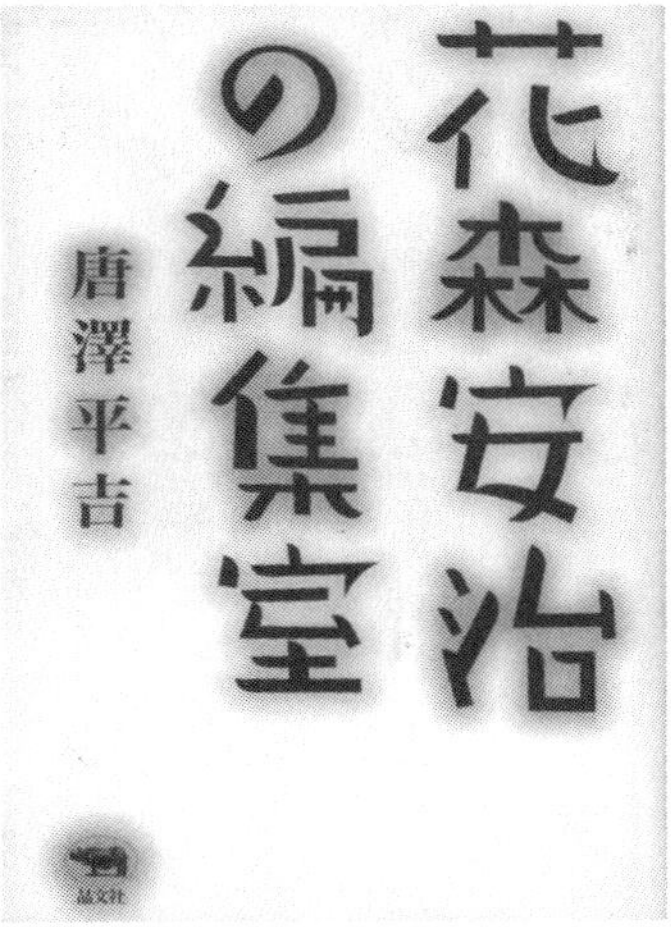

――この「出版人に聞く」シリーズ16の『三一新書の時代』の井家上隆幸さんや同17の『「週刊読書人」と戦後知識人』の植田康夫さんの話を聞きますと、井家上さんは河津さんとほぼ同世代で、一九五八年に岡山から上京して三一書房に入っている。少し年下の植田さんは六二年に週刊読書人に入社している。お二人の話から推測しますと、出版社志望でも温度差があ

り、六〇年代にはとても難易度が上がっているように見受けられました。

4　六〇年代の応募者の変化

河津　それは暮しの手帖社にもあったと思います。私が入社試験を受けた前年に『暮しの手帖』は菊池寛賞を受賞しているので、雑誌としては帆に風を受けているような状況にあったはずです。でもその時代に大学生で『暮しの手帖』を読んでいたのは少数でしょうし、まして男の場合はほとんど読んでいなかった。

――買ってまでは読まない。読んでいたとしても、河津さんのように身近にあった場合に限られている。

河津　そういうことで、初めての公募の際にもそれらのことは反映されていたと思います。どのくらいの公募者がいたのかは確認していませんが、先述しました入社試験を受けた五十人のうちの三人に入り、運良く採用された。ところが一九六〇年代に入ると応募者事情も変わってくる。

これは花森さんが『一戔五厘の旗』でも書いていることですが、六〇年代になって三人社員を募集すると、二百人ほど応募してきたけれど、その三分の一は『暮しの手帖』を読んでいなかった。これが五〇年代と六〇年代の出版社と雑誌意識の違いじゃないでしょうか。七〇年代に入ると、千人を超える時もありました。

―― 最近、暮しの手帖社から小榑雅章『花森さん、しずこさん、そして暮しの手帖編集部』という本が出ました。これを読んでみますと、小榑はちょうど六〇年に入社している。彼は『暮しの手帖』を読んだことがなかったが、大学の就職課に掲載された募集要項を見て応募した。応募者は二百余名で、彼も含めて五人が採用され、編集部八人のところに配属されたとあります。

河津さんのことも数ヶ所で書かれていますが、今と変わらないお人柄が描かれていて微笑ましい思いに捉われました。それはともかく、編集部員が八人のところに一挙に五人が加わるというのは、『暮しの手帖』がそれだけ売れていた、発行部数が急増していたことと関連しているんでしょうか。

5　『暮しの手帖』発行部数の推移

河津　そのとおりです。北村さんが『暮しの手帖』の発行部数の推移を調べてくれたので、それを示しておきます。創刊号から二〇〇〇年の号までの発行部数の推移ですが、これもまた数字で示された『暮しの手帖』の歴史に他なりませんし、それにこれからの話にも必要なデータだと思いますので。

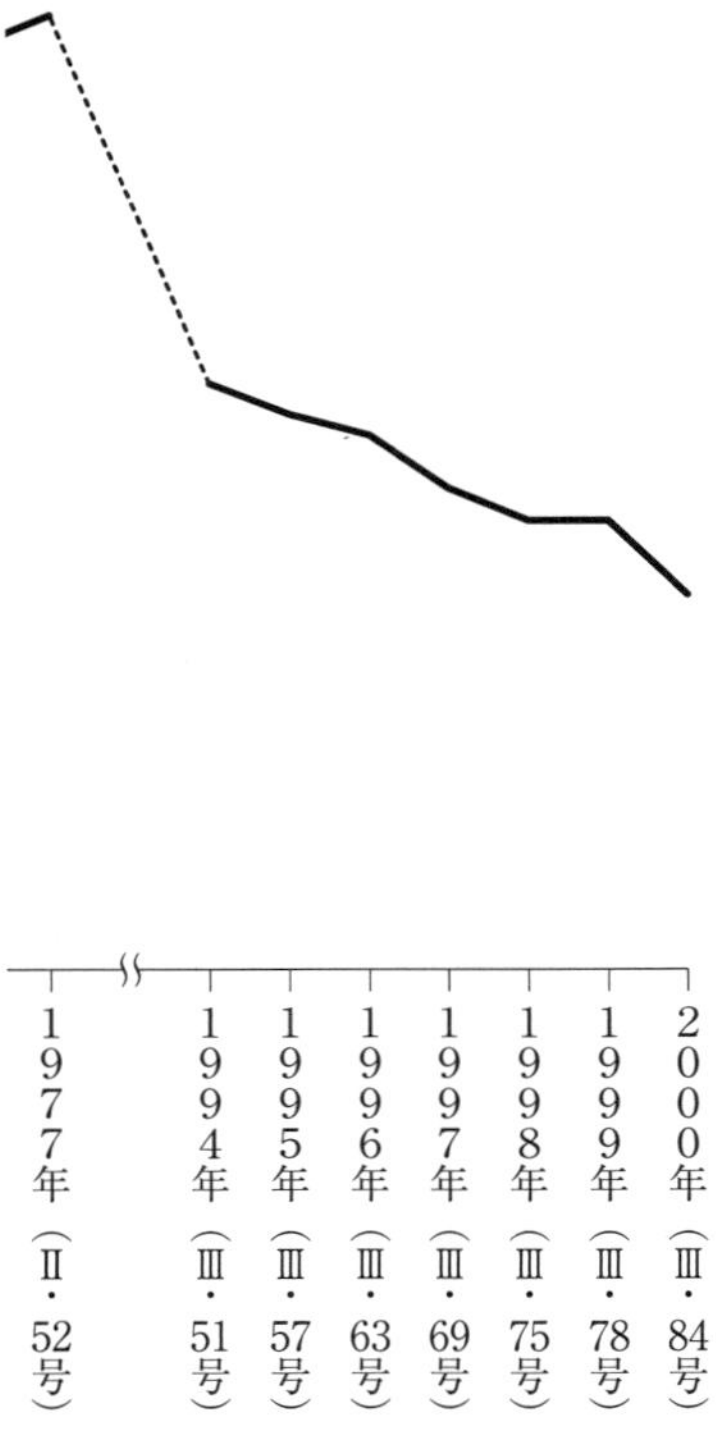

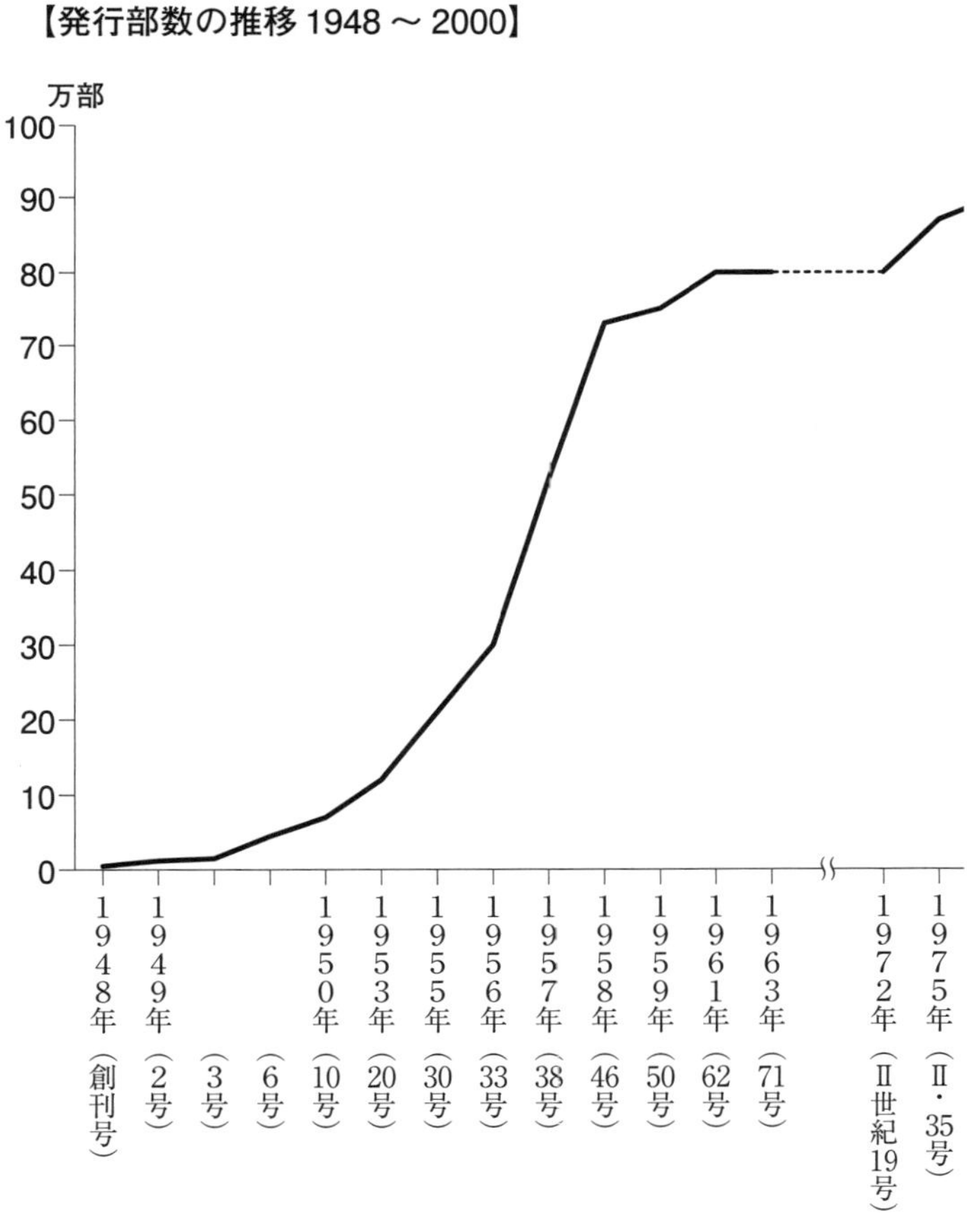
【発行部数の推移 1948 ～ 2000】
万部
100
90
80
70
60
50
40
30
20
10
0
1948年（創刊号）
1949年（2号）
（3号）
（6号）
1950年（10号）
1953年（20号）
1955年（30号）
1956年（33号）
1957年（38号）
1958年（46号）
1959年（50号）
1961年（62号）
1963年（71号）
1972年（Ⅱ世紀19号）
1975年（Ⅱ・35号）

——これを見ますと、河津さんのいう帆に風を受けてのように、一九五〇年代半ばから六〇年代にかけて『暮しの手帖』が順風満帆となっていくのがよくわかります。特に五六年の三〇万部から六一年の八〇万部というのはすばらしい成長で、五七年の河津さんたちから始まる公募の理由の説明ともなっている。ところで河津さんが入社した時には社員はどのくらいいたんですか。

6　東麻布研究室のこと

河津　二十一人で、三十人には届いていなかった。それは運転手の人も含めてで、当時は定時制高校に通いながら働いていた若い人たちも二人ほどいました。

——これは中堅以上の出版社の者の話ですが、六〇年代までは社内に食堂があり、その仕事に携わっている人たちも社員になっていたと聞いていますし、それは夜学に通う若い人たちも少年社員になっていたようですね。

今でも新潮社は社員食堂があって、ランチも三種類ほど用意され、かなり美味しいというので、一度いってみたいと思っているんですが。

河津　ただそれはキッチンがあった東麻布の研究室でのことで、銀座の日吉ビルの編集部では外に食べにいっていました。

――ちょっとここで確認しておきたいのですが、暮しの手帖社は衣裳研究所の名称で始まり、銀座西八丁目の日吉ビルがその所在地だったのですね。

河津　そうです。それが五三年に港区東麻布に研究室を建て、衣食住の実験や撮影、それから編集もこちらに集約されるようになり、私たちの入社試験もここで行われたわけです。この研究室はその後も少しずつ土地を買い足し、花森の設計図に基づいて増築されていくことになります。

――どのような設計といいますか、レイアウトだったんでしょうか。玄関で靴を脱ぎ、スリッパに履きかえることになっていたと聞いていますが。

河津　それは研究室のコンセプトによるもので、一階には工作室、実験室、洗濯室が主で、洗濯室が一番広く、水を使うために床はタイル貼りになっていた。それから二階のほうは台所付き編集室と写真室の他に、花森と大橋鎭子の部屋がありました。

――なるほど、河津さんが入社された頃にはこちらの研究室のほうが本格的に稼動し始めていたことになるし、それは『暮しの手帖』の部数の伸びと一致していたし、社員の増加とも結びついている。

7　バックナンバーの売れ行き

河津　先の発行部数推移によれば、私が入社した時が五二万部、翌年の一九五八年には七三万部ですから、まさにパラレルです。

それからこれは『週刊朝日』（一九五六年3月11日号）の「『暮しの手帖』論」で記者が調べた増刷部数によるのですが、この時期までに創刊号から三号まではそれぞれ増刷したようです。

―― ということは一九五六年二月には33号まで出ていますが、それまでの全バックナンバーが常に増刷され、売れていたということになる。今では想像もできないことで、それが五〇年代の雑誌販売状況の一面でもあった。あらためて雑誌の時代の変遷を実感させてくれます。

河津　そうなんですよ。33号まで刊行されたその全部が全部増刷されたかどうかはわかりませんけれど、バックナンバーが増刷されたことで、それが経営的に大きな寄与となった。ただ正確な部数がつかめないのは残念ですが。

―― いやいや、すべての雑誌がそうだったわけではないでしょうが、『暮しの手帖』のバックナンバーの売れ方を知ったことだけでも収穫で、書籍ではなく、雑誌の重版がずっと続いていたとは思いもよりませんでした。それは書籍の重版以上に利益率は高いし、返品もないはずですから。

ところでこの頃から隔月刊だったんでしょうか。

河津 その頃は隔月刊ではなくて、年間五冊出していました。最初は年四回、季刊だったのが五回になり、隔月刊が確立されたのは相当後になってからのことです。

それまでは花森の匙加減ひとつで、刊行回数と時期が決まっていて、不定期といってもよかった。ところがそれではやっていけないということになって、一九六八年の第1世紀の93号から隔月刊が確定された。

―― それも知りませんでした。八四年ということは花森の死後に隔月刊になったのですね。

河津 そうです。七〇年代から八〇年代にかけては八〇万から九〇万部が出されていましたので、取次もさぞかし大変だったと思いますけど。

――花森の匙加減ひとつで決まってしまう変則的刊行の場合、取次への営業、もしくは対応はどうだったんでしょうか。取次も暮しの手帖社だったらしょうがないと特別扱いだったのかしら。

河津　それは北村さんに説明してもらったほうがいいと思います。

8　営業部の不在と取次、書店との関係

北村　営業部らしい動きがはじまったのは、一九八〇年代後半からです。これも『とと姉ちゃん』で広く知られるようになったと思いますけど、暮しの手帖社は大橋鎮子、晴子、芳子の三姉妹と花森さんとのコラボレーションによって始まっています。

創刊号のスタッフ名が表紙、装画が花森、それから写真ページや本文、装画に草加やす子という名前が見えますが、これは花森のペンネームです。そして編集には三姉妹が並んでいる。その次女の晴子はすでに結婚していて、その相手が進行・経理を担当している横

山啓一さんなんです。

創業以来、金庫番の役割を担い、営業もひとりで背負っていたといっていいでしょう。それがどうして可能だったかといえば、かつては返品も少なかったし、それで通ってしまったというのが実情だったんじゃないでしょうか。

―― 確かに定期雑誌に近いかたちで八〇万から九〇万部発行していても、著名雑誌であり、書店人気も高く、返品率も低かったとすれば、取次営業としては部数調整をするぐらいですんでいたとも考えられますからね。

北村 私もそう思います。ところがさすがにそれでは通らなくなってきた。それで本社が新宿に移ってから、取次や書店への営業システムの確立を推進せざるをえなかった。

―― その話を聞いて思い出すのは、一九七〇年代まで世間一般に良心的と目されている出版社こそが書店の悪評を買っていたという事実です。その筆頭に挙げられるのが岩波書店と暮しの手帖社で、在庫や注文問い合わせに関しても、取次にいって下さいの一点張りで、取りつく島がないような対応だったと聞いています。

河津 それはよくわかりますね。これははっきり理由を聞かなかったのですが、私たちが書店を回ることを嫌がっていた。販売情報を知るためには書店の話を聞くべきだと思うのですが。

北村　暮しの手帖社の単行本は買切だという根強い噂があって、それは違いますと否定したけれど、誤解がとけず、書店から嫌われる要因になっていた。本当に書店とのコミュニケーションが欠けていた。

――　岩波書店が書店営業を始めたのも七〇年代後半のはずでしたから、やはりそこら辺も似通っている。その問題は出版業界の宿痾のようなものとして根を張り、それが現在の出版危機をもたらした一因だとも考えられます。

北村　池袋の西武百貨店に後のリブロとなる書店ができた時、小川道明さんが店長になったんですが、それまで西友の広報部にいた。

ある時、『暮しの手帖』でパック入りの牛肉をテストしたことがあった。それは脂の占める比率を調べたりするものだった。そうしたら西友の広報にいた小川さんがそのテストに関する感想を伝えるために、わざわざ暮しの手帖社にきてくれた。

それが縁となって、私も色々話を聞くことができ、またその後、「出版人に聞く」シリーズ4の『リブロが本屋であったころ』の中村文孝さんと知り合うことになった。

河津　そんなわけで、書店や取次にもこれまでとは異なるアプローチを試みるべきだと考え、色々と動いてはいましたが、横山の場合、ほとんど書店に目を向けることがなかった。大橋鎭子はそうした営業の外回りに割と理解があったんですけど。

―― それは創業時の、書店への直接販売という営業体験もあったからでしょうね。でもそれにつけても考えさせられるのは、七〇年代までは取次の流通配本が販売促進の役割を果たしていたし、兼ねてもいたという事実です。

書店の閉店はほとんどなく、再販委託制のスタティックな販売市場だったから、暮しの手帖社は中堅出版社だったとしても、『暮しの手帖』は全国紙に全五段の広告をうつことのできるメジャー雑誌で生産、流通、販売の回路とバランスが絶妙に保たれていたんじゃないでしょうか。その守護神のような位置に花森はあった。

河津さんが入社されたのが五七年ですから、創刊してちょうど十年目を迎える時期であり、花森さんの『暮しの手帖』編集フォーマットというのはもう決まっている感じでしたか。

9　花森編集フォーマット

河津　花森編集フォーマットは確立されていましたけど、五四年の26号から始まった商品テストはまだ模索の時期にあったと思います。だから私たちへの募集が出されたのでしょうし、それは六〇年代に入っても続いていった。

商品テストの前史というのは6号から14号まで続けられた「買物の手帖」がそれで、当時はテレビ、洗濯機、冷蔵庫を始めとする家電なども増えてきたので、そういう高度な機械までも俎上に載せるテストも本格的にやらなければならないというような使命感もあったはずです。それで私たちも集められたというのが本当のところではないでしょうか。

ただそうはいっても、最初からそうしたものをテストするわけにはいかないので、ソックス、マッチ、鉛筆などの身近な日常品から始まっていて、「買物の手帖」のアイテムに従っています。

――『暮しの手帖』に広告を入れなかったのはこの商品テストのための伏線だったのですか。

河津　花森の最初の心づもりでは、表紙から最後のページまで自分の美意識をこめて編集しているのに、そこに他人が作った商売気たっぷりの広告が土足で入りこんでくるような誌面を共存させたくないということに尽きる。

それから商品テストを始めるに際して、広告を入れると、商品の正しい批評や紹介がやりにくくなるので、一切広告を載せないことが方針となったわけです。

――　これは少しずつお聞きしていくしかないのですが、そのような花森の所謂思想というのはどのように形成されたのかが気になるところです。

「賢そうな顔をしていやらしいもの『朝日新聞』『ＮＨＫ』『暮しの手帖』」という花森語録がありますが、これも裏返せば、『暮しの手帖』は『朝日新聞』やＮＨＫに比肩するとの自負につながるし、花森自身がその独裁者だという表明にもなってしまう。実際にそのような人物として神話的に語られる編集長の座に祭り上げられてもいる。そこら辺のニュアンスはどうだったんでしょうか。

10　花森の思想としての暮しの手帖社

河津　やはり暮しの手帖社そのものが花森の思想だったと考えていい。大橋さんは社長でしたけど、花森がいうことは絶対的なものでした。とりわけ編集に関しては彼が主導していた。大橋さんのイニシャル「S」を末尾に記した「あとがき」にしてもそうですが、とくに初期のころは、たいていのものは彼が書いていた。それに常々「暮しの手帖社は運動体だ」と我々に語っていた。だから確かにその独裁的傾向はあったと思います。

企画自体もほとんど花森が考え、我々も一応、編集会議で企画を出しました。彼はそれを見ながら講評して血肉をつけ加えていく。それで「これはいいプランだ」といえば、鶴の一声みたいな感じで採用される。

――そういうシステムでないと、自分の雑誌じゃなくなりますからね。

河津　ただこれは反省するところがあるのですが、私の場合、花森という独裁型で成功した例を間近に見ていたので、雑誌というのは独裁型がいいのではないかと思いこまされた面を否定できない。違うタイプの編集長がいて、それで成功した例に接していれば、これも違った考え方を持ったかもしれません。

——そこら辺は会社の設立事情、雑誌の性格、経営と編集の区別、時代の問題などが多様に絡んで複雑なところですね。

河津 先ほども申しましたが、お金のことだけは横山氏に任せていたと思いますけど、それ以外は編集のみならず、すべて彼の考えでやっていたんでしょうね。社長の大橋さんも多少はいうことがあったにしても、花森さんのやり方についていったんじゃないかと判断しています。

——これは他の本ではふれられていないと思いますが、暮しの手帖社の持株構成はどうなっていたんですか。創業事情からすると、大橋が大半を持っていて、花森は小株主のような感じもありますが。

河津 いや、それは花森さんが一番の株主だったんじゃないか、もしくは大橋さんと同じくらいに持っていたと思いますよ。

——そうか、やはりそうでないと独裁的にふるまうことは難しい。でもその事実は花森が単に編集に専念していただけでなく、株式会社のメカニズムも十分に弁えていたことを物語っている。

11　花森独裁と社員の年齢構成

河津　株式会社になったのはいつなのかほとんど意識したことがなかったのですが、入社した時には株式会社でした。大学に公募するわけですから、当たり前といえば、当たり前なんですけど、いわば独裁型運動体で働いていたようなものだったので、あまり気にしてもいなかった。

花森が独裁傾向になった一番の原因は社員の年齢構成でしょうね。私は年長のほうでしたけど、花森さんと二十歳違うし、大橋さんだって十歳違いです。普通の会社だともう少しまんべんなく分布しているはずですが、間の世代がまったくいない。

そこで経歴的にも力量的にも、逆にまんべんなく腕を振るうことができたのではないかと思います。

――そうした年齢構成が『暮しの手帖』の特異なところかもしれませんね。それと花森はよく怒る人だといわれていますが、本当によく怒られたのですか。

河津　娘さんにいわせると、瞬間湯沸かしみたいに怒る。とにかくよく怒りましたね。

あれは何だろうと常々思っていたんだけれど、時々違う面を見せることもあった。そっちはめったにないんですが。

たまたま北海道にいった時、他の人たちは別のところに取材に出かけ、花森と私がホテルに残され、そこから二人で一緒に札幌駅にいくことになった。

ちょっと前に失敗したことがあって、大目玉を食らったばかりだったので、内心まずいなと思ってたんですよ。

そうしたら歩きながら、花森さんは次のようなことをいったんです。「君は僕のやり方を見ていて、俺だったらこうするがなと思うことがあるだろう。それがあって当たり前だし、それを大事にして、少しずつ貯めていきなさい。それはこの先きっと役に立つよ」と。それは意外なほど内省的な言葉で、非常に印象に残っています。

―― 一九六〇年代になって編集部員も増えてくると、五〇年代と同じような独裁型では通用しなくなるところも出てくる。そういう組織の中ではうまく適応できず辞めたりする社員も出てくるわけですよね。

河津　それは実際にありましたが、花森さんの存命中はまだわずかでした。やはり『暮しの手帖』を読んだことのない人が応募してくる時代になっていましたし、そのことについては花森も考えられないと、これまた怒っていました。

ただ編集費や売上に関しては何もいわれなかったし、経営的な意識はあまりなかったような気がする。原稿料も高かったし、翌月に支払われていたと思います。経費についても、当時はデジタルカメラなんていうのはなかったので、写真部にはフィルムを使いすぎると文句をいってましたけど、編集費のことで怒られたことはない。

むしろ節約のために撮影に必要な窓枠、サッシを借りてきたら、逆にそんなものは買えといわれた。

12 他者の雑誌や編集者との関係

――一九六〇年代の雑誌の売上の成長とともに、『暮しの手帖』も売れていたから余裕があったし、それがすべてプラスの方向に動いていたんでしょうね。

その雑誌なんですが、他社の雑誌や編集者との関係はどうだったんですか。

河津 当時、花森と扇谷正造、池島信平両氏とはよく接触していましたね。扇谷さんは『週刊朝日』、池島さんは『文芸春秋』編集長で、三人で座談会などもしていた。そのひと

つが「岡目八目紙上版」で、『花森安治』(『暮しの手帖』保存版Ⅲ)にも収録されています。これは私が入社する二年前のものですが。

――二人は暮しの手帖社にも顔を見せていたのですか。

河津　ええ、私が入社した頃も、池島さんは「ゴジラいるか」と大きな声でいいながら入ってきた。文芸春秋が近かったこともありますが、三人はこんなによく付き合っているのかと思いましたね。

――そのように『週刊朝日』と『文芸春秋』と『暮しの手帖』の編集長が親しく付き合っている光景というのは、それぞれが戦争をくぐり抜け、新しい戦後の時代を雑誌を通じて体現しようとする表われでもあったと思いますよ。

生まれにしても、池島は一九〇九年、花森は一一年、扇谷は一三年ですし、それに東大人脈も絡んでいる。

河津　そうですね。池島さんからはあまりそういうことを感じませんでしたが、扇谷さんは『帝国大学新聞』や大政翼賛会との関係があるんでしょうね。戦争中は新聞も色々と国家のプロパガンダに関与していましたから。

――扇谷と大政翼賛会のことは馬場マコトの『花森安治の青春』（潮文庫）の中にも出てきます。でもそういう関係と編集文脈の中に、商品テストを置いてみると、これは『週刊朝日』や『文芸春秋』ではやれない企画だと思う。どうしても広告の問題がありますから。

その一方でアメリカも一九六〇年代に消費者運動が最盛となり、商品テストに重点を置く消費者同盟の『コンシューマー・レポート』は定期購読者が二百万人に達し、また一方でラルフ・ネーダーの消費者運動も脚光を浴びていた。そうしたアメリカの雑誌の影響も受けていると思いますが。

第Ⅱ部

13　外国雑誌の影響

河津　確かに他の雑誌ではできない企画というコンセプトもありますが、やはりアメリカの雑誌から色々なものを吸収していたはずです。会社では『コンシューマー・レポート』の他に、イギリスや西ドイツやノルウェーの消費者運動の商品テスト雑誌をとっていましたから。

――それらの商品テスト雑誌だけでなく、アメリカの雑誌の影響を感じます。レイアウトや表紙も含めてで、初期の表紙はユトリロの絵とも共通するところがある。

河津　そういえば、常盤新平が初期の『暮しの手帖』は『ニューヨーカー』に似ていると語っていましたね。

北村　我々にも花森は「外国の雑誌は眺めているだけでも勉強になる」といってましたね。

――私などは花森のモダニストぶり、それから映画とミステリー好きから考えて、花森は戦前の『新青年』の愛読者で、それらの戦後の外国雑誌の影響が混然一体となり、

『暮しの手帖』に流れこんでいるのではないかと見ています。その中でも異色だったのは商品テストでしょうし、河津さんもその要員として社員になったのではないかと発言されている。そこで商品テストに関してふれてみて下さい。

14　商品テスト

河津　まず先にいっておかなければならないのは、花森が普通の男性よりも、工作などについては熱心だった。そういうことに非常に興味を示し、自宅でも作ったりしていた。東大では文学部美学美術史の専攻だけれど、単なる文系の人ではなかった。そうした性向が商品テストに結びついていったと考えられる。

――商品テスト専従の編集者もいたのでしょうか。

河津　ＮＨＫ出身の大畑威さんという人がいて、彼は営業部から始めたのですが、電気関係の技術のことがわかるので、商品テストの統括的立場にありました。

――そうなると、編集者というよりも技術者というニュアンスのほうが強いのかな。

河津　そうだと思います。編集のほうは花森がすべてを担っていたといっていいぐらいです。商品テストでは技術にこだわるというよりも、実際に家庭の中で使われるかたちでテストをする。例えば、この包丁は家庭の中でどういうふうに使われているのか。そういうテスト方法も編集者が考えた。もちろんどういうテストをやるかは花森も一緒になって考えているわけですけど。

――そこには文系と理系のコンビネーション、もしくはコラボレーションがあるのかな。

河津　明確なものではなかったにしろ、それはあったと考えるべきでしょう。例えば、編集部員杉村民子さんは薬学部出身でした。商品テストでは化学的分析も必要ですし、研究室の中には実験室のような広いスペースがありました。だから彼女の他にも、後には理系の若い人を入れるようになってきました。

先述のように、私が入社する前の一九五四年から商品テストはソックスを始まりとして、マッチ、鉛筆、電気アイロン、安全かみそり、しょう油、電球などを手がけていった。そして私が入社した五七年の40号は電池、それから44号は電気釜、47号は電気トースター、50号は自動アイロン、52号はガステーブル、54号は魚焼き器と続いていきます。56号が写真でもよく取り上げられるベビーカーだった。

15 『花森安治』と「商品テスト」

――それらは写真も含めて、これも先に挙げた『花森安治』（二九頁参照）の中で「商品テスト入門」として二五ページにわたって掲載されている。

河津 これは一九六九年の100号の記事ですが、そこで花森は商品テストが消費者のためにあるのではないと述べ、端的にその目的を示しているので、それを引用してみます。

〈商品テスト〉は、はっきり商品名をあげて、よしあしを公表する。もし、そのテストが信頼されていたら、よいと判定された商品は売れるし、おすすめできないといわれた商品は、売れなくなる。

メーカーに主義主張はない。売れるものを作るだけである。よい商品を作れば売れる、となれば、一生けんめいよい商品を作る。（中略）

〈商品テスト〉は、じつは、生産者のためのものである。生産者に、いいものだけを作ってもらうための、もっとも有効な方法なのである。

この花森の一文を引きましたのは57号が石油ストーブで、花森の主張が目に見えるかたちで功を奏したと思えるからです。実際に花森は石油ストーブを例にしてこの一文を書いています。実は私がこのテストの担当者の一人でもあったからで、その後日譚もあります。

――ぜひそれも含めて一部始終をお願いします。

河津　石油ストーブテストは一九六〇年57号で最初に行っていて、第一回目のテストではイギリスのアラジンのブルーフレームを抜群だと評価した。それに比べ、国産6種はお勧めできないとの結論を下したのです。そうしたらアラジンが飛ぶように売れ始めたのです。

――そうか、私も七〇年代にアラジンを買っていますが、その理由として最も確かなブランド名として認知されていたからです。その発端は『暮しの手帖』の六〇年の商品テストだったことになる。

河津　そういうことです。まだほとんど石油ストーブは使われていなかった。そこで綿密な打ち合わせの上、使い勝手、臭い、燃費と温度といった能率、安全性をテストすることになった。それでアラジンが抜群だとの評価に至ったのです。

二回目は六二年67号で、その時代は家電メーカーも参入してブームになっていて、35種類のテストをした。するとアラジンに比肩する国産品も出現していて、花森のいうところの「〈商品テスト〉は、実は生産者のためのものである」という意図を実証するような結果となった。三回目は六八年でしたが、それは六二年をはるかに上回るもので、花森は『暮しの手帖』の三回の商品テストがあったからこそ、ここまで日本の石油ストーブがよくなったのではないかと述べるに至ります。

―― なるほど、商品テストにおける花森の真骨頂とでもいうべき発言です。

16 東京消防庁との「水かけ論争」

河津 それだけでなく、一九六八年93号の「もしも石油ストーブから火が出たら」が東京消防庁との論争になった。

―― 河津さんが先の『花森安治』の中で、「ドキュメント『水かけ論争』」としてレポートしている一件ですね。

河津　そうです。これには前史がありまして、六六年に花森の自宅が本人不在の間に失火で全焼したこと、同年87号の「〈火事〉をテストする」という記事の中で、石油ストーブが倒れた場合、水をかければ確実に消えると発表した。それは実験を重ねた上でのものだった。これらを受けての93号の「もしも石油ストーブから火が出たら」の記事が組まれた。

それを花森自身による新聞広告「石油ストーブの火はバケツの水で消える」、東京、大阪、名古屋の国電、市電の車内広告「石油ストーブから火が出たらバケツの水をかけなさい」として出した。

この『暮しの手帖』の記事に対して、東京消防庁は石油ストーブから火が出たら、まず毛布をかぶせて炎をおさえること、水はその後と指導していることから、「水を下手にかけたら灯油は燃え広がる。『暮しの手帖』がいっているのは実験室内の小理屈だ」と反論した。

——　つまりシロウトが間違っていることを主張していると、クロウトが怒り出したということですね。

河津　まさにそのとおりで、報道した『朝日新聞』の見出しは「燃えさかる〝水かけ論争〟／石油ストーブから火が出たらまずバケツか毛布か／実験派暮しの手帖対経験派東京消防庁」というものでした。それで消防庁には全国各地の自治体や市民から、どちらが正しいのかという問い合わせが押し寄せてきた。もちろん『暮しの手帖』のほうにも多くの読者からも声援が寄せられ、実際に水で消した例の報告、各地の消防署でも、水が一番だという見解が出されていることも伝わってきた。

――この「水かけ論争」は花森にしても『暮しの手帖』にしても、話題とその広がり方からいって、特筆すべき出来事と見なしてよろしいのでしょうか。

河津　ええ、そう考えていいと思います。消防庁のほうは公開実験をして、問題の決着を図ろうとした。それで花森のところには取材が殺到し、シロウトとクロウトの全面的対決といった様相を帯びてきた。

――公開実験のほうはどうなったのですか。

河津　それは「水が勝ち」というわかりやすい表現ではなかったが、石油ストーブのそばにはあらかじめ水バケツを用意しておいたほうがよいということになった。

要するに花森の主張するところの、市街地では消防車の到着まで相当な時間がかかるから、火を出したら自分たちで消し切るしかない。消防当局は出動後の研究はやっているかもしれないが、家庭消防の研究は遅れているし、『暮しの手帖』でやったテストすらも行っておらず、経験論だけを振り回している。率直に反省して初期消火の科学的研究を進め、その結果を家庭にＰＲすべきではないかということが認められたわけです。

でも身近にいた者からすると、これは花森さんを変えた出来事じゃないかと思っています。もちろん石油ストーブも日常の道具ですし、商品テストもそれに基づく企画だった。ところが「水かけ論争」が生じ、これまでのメーカーではなく、当時の自治省消防庁が相手となり、シロウトとクロウトの争いに擬せられた。

17　政治や国家の問題の浮上

――大げさにいえば、生活者と国家との対立とも言い換えられる。

河津　そう、それで「水かけ論争」の軍配は花森さんのほうに上がったわけですから、ここで一挙にそれまで封印してきた政治や国家の問題が浮上してきたんじゃないでしょうか。

具体的に申しますと、私などが入社して間もなく安保闘争が始まる。だからどうしても編集会議では政治的、社会的問題をプランとして提出することになる。それだけ社会も昂揚していましたし、編集者だけでなく、読者も日常的な記事ばかりでは時代的にいって退屈だったからです。ところが『暮しの手帖』はそういう政治的、社会的問題を扱わない。それはＮＨＫや『朝日新聞』や『世界』がやってくれるんだから、我々はやらないと、花森は公言していた。また常々も「我々がやるべきなのは国家のことでも政治のことでもない。住宅の隅っこ、便所の隅っこのゴミにはどんなものがあるのか、我々はそういう身近なことから始めるんだ」といっていた。

——それが花森の『暮しの手帖』のエディターシップでもあった。

河津 ところが六〇年代後半になると、手のひらを返したように、花森は積極的に社会的な発言をするようになっていく。その決定的なターニングポイントが「水かけ論争」だったんじゃないかと思います。

商品テストの対象品目が高額化してくるにつれて、テスト記事の結論だけが、お買い得商品のガイドとして読まれるようになってきた、そんな傾向を花森は危惧していました。そういうプロセスを経て、六八年の96号が特集「戦争中の暮しの記録」を編み、七〇年の2世紀8号に「見よぼくら一戋五厘の旗」を掲載し、七一年に『一戋五厘の旗』の刊行、その翌年に同書で読売文学賞受賞に至るわけです。

18 「見よぼくら一戋五厘の旗」

——一九七〇年前後に、花森の中に戦争と戦後の政治的、社会的問題が大きく浮上してくる。その表現としての「見よぼくら一戋五厘の旗」の冒頭部分を引いてみます。

ぼくら　せいぜい　一銭五厘だった
ぼくらの　命や　暮しなど
国にとっては　どうでもよかったのだ
そして　戦争にまけた
民主々義の〈民〉とは　ぼくらのことだ
と教えられた
それを　ぼくら　うれしがって　うじゃ
じゃけているあいだに　二五年もたって
気がついたら　また　ぼくら　一銭五厘
になりかかっている
〈公害〉さわぎが　はじまった　こんどは
ぼくら　うじゃじゃけていられない
こんどは　ぼくら　こわがらないで
困まることは　困まると　はっきり言う
七円の葉書に　そのことをはっきり書く

その葉書を　大臣や社長に出す
こんど　ぼくら　だまっていたら
また　うやむやに　なってしまう
そして　〈ぼくら〉は　滅びてしまう

ここに表われているのは従来の「小さな暮し」というよりも、政治的、社会的散文詩と見るべきものであり、これまで扱わないと公言してきた分野への介入と考えるしかない。その『一戔五厘の旗』でこの時代に読売文学賞随筆部門を受賞したことも、かなり政治的、社会的な組み合わせと考えるべきでしょうね。

河津　たしかに、この時期に花森は一見前言を翻してきているようにみえる。私も思いました、入社した頃とずいぶん変わってしまったなと違和感を持ちましたけど、彼はそれを意に介していないと思います。

それに対して何かいえば、たしかに昔はこういっていたけど、今はそうじゃない。もはや、世の中の流れのままに流されて、黙っていられなくなったと応じたはずです。便所のゴミを見つめる活動と社会的な発言が、バラバラの別ものではなくて、彼の中ではひとつにつながっている。そういう人でしたからね。

19　五〇年代から六〇年代にかけての単行本

――　さて、ここまででちょうど一九七〇年前後のところまできました。北村さんも暮しの手帖社に入り、やはり花森の下で編集者の道を歩み出すことになります。これからはお二人の複眼的視点から花森と『暮しの手帖』を語ってもらうつもりです。

でもその前にこれまであまり言及されたことがないと思われる暮しの手帖社の五〇年代から六〇年代にかけての単行本について、うかがわせて下さい。

大橋鎭子の『「暮しの手帖」とわたし』（暮しの手帖社）を読んで、よく知られた『すてきなあなたに』が大橋の企画だと知りました。その他にも大橋の企画はあるのですか。

河津　ハーパー・リーの『アラバマ物語』（菊地重三郎訳、六四年）は大橋の企画だといっていいでしょう。彼女はアメリカ国務省の招待でニューヨークにいった。その時『暮しの手帖』の表紙を見せたら、『ヴォーグ』のカメラマンが興味を示した。彼はその後フリーになって日本にやってきたのですが、彼の後を追ってきたガールフレンドがハーパー・リーの友達だった。

そしてピュリッツア賞を受けたその本のことを大橋に教えた。それで大橋が働きかけて、あの本が生まれたのです。

原タイトルは『ものまね鳥を殺すには』（To Kill a Mockingbird）でしたが、日本でのグレゴリー・ペック主演の映画邦訳タイトルが『アラバマ物語』だったので、それに合わせて翻訳刊行された。これはロングセラーで、今世紀に入っても重版されているはずです。

――　私はこの原作者のハーパー・リーを映画『カポーティ』で見ています。もちろんキャサリン・キーナーという女優が演じたものですが。カポーティとリーは幼なじみで、彼女はカポーティの『冷血』の取材に協力する助手として登場している。彼はホモセクシャルなのに、幼なじみゆえなのか、ものすごくリーを頼りにしていたようです。
そのリーは『アラバマ物語』しか書いていないとされていたが、その前に『見張り人を立てろ』という前編を書いていて、そこでは主人公のアティカスが白人至上主義団体に参加する人物として描かれている。そんなわけで、こちらは暮しの手帖社から出版されることはないでしょうが。

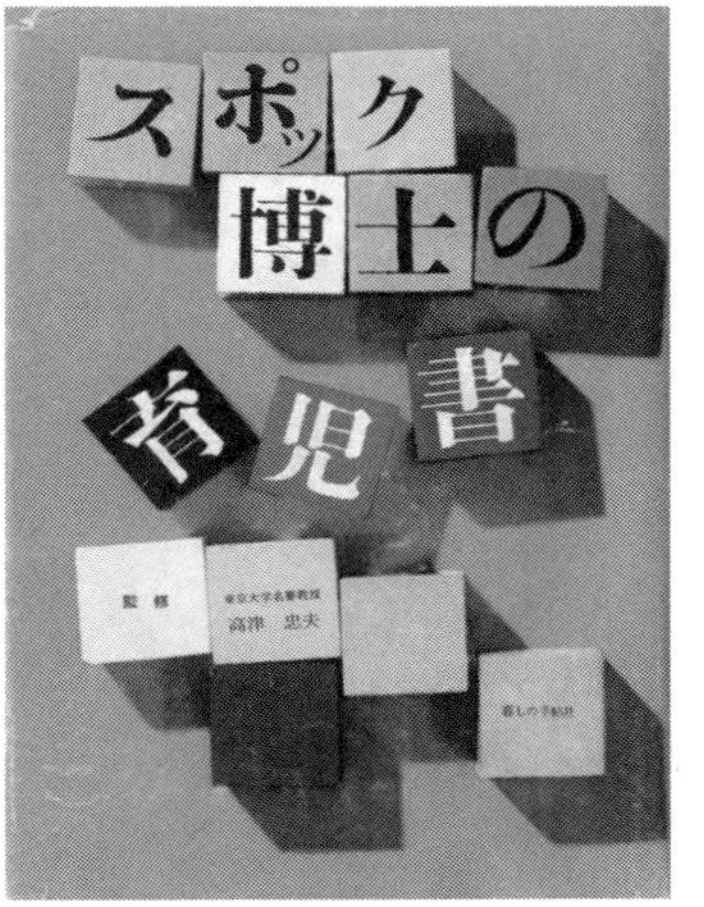

ところで『スポック博士の育児書』（暮しの手帖翻訳グループ、六六年）もよく知られたロングセラーですが、これも大橋とアメリカ絡みの関係から出版となったのですか。

河津　これは六三年70号に掲載した「マーガレット王女」の記事の中に『スポック博士の育児書』があり、花森と大橋が目をつけ、急遽翻訳権を取ったものです。いい出したのは大橋かもしれませんが、翻訳は編集部の女性たち九名が分担し、花森が全文をチェックして刊行に至っています。

――どうしてアメリカ人の育児書が日本で翻訳刊行されたのか疑問に思っていたのですが、イギリス経由だったんですね。

河津 ただアメリカではかなり異論もあったようで、そのように育てると子どもを駄目にしてしまうとの声も挙がっていたといいます。だからそういう本をよく翻訳したなと思いますが、すごく人気はありました。なぜなのかわかりませんが。版元側からすれば、おそらく花森の、あまりこせこせしないで、のんびりいきましょうという考え方とスポック博士の相性がよかったのでしょう。

――これに対する異論として、松田道雄の『育児の百科』(岩波書店、六七年)が出されたとも考えられますし、うつぶせ寝の問題も含め、育児書としては大きな影響を及ぼした一冊であることに間違いない。

でもこれらの著名な本はともかく、その他の本の出版経緯は明らかではない。

河津 そういっていいでしょうね。単行本は花森か大橋が著者との何らかのつながりを持っていたことで企画され、刊行された。

20 片山廣子『燈火節』などについて

――そこで気になるのは片山廣子の『燈火節』（一九五三年）です。これは第三回エッセイスト・クラブ賞を受け、近年月曜社から復刊されていますが、彼女は近代出版史、文学史上においてもかなり重要な人物で、長谷川巳之吉が第一書房を始めるに当たってのパトロネスだった。

ペンネームは松村みね子といって、歌人であると同時に鈴木大拙夫人のベアトリスを通じてアイルランド文学に親しみ、ダンセイニやシングの戯曲を翻訳している。その一方で軽井沢における芥川龍之介や堀辰雄たちのミューズ的存在でもあった。

これは先に『暮しの手帖』創刊号の目次を掲載しておきました（八頁参照）ので、それを見てくれればわかりますが、アイルランド文学研究家として「乾あんず」というエッセイを寄せている。でもそれが機縁となって『燈火節』という随筆集へと結実していったのかどうかはわからない。

河津　私が入社する前に『燈火節』は出されているので、その出版経緯はわかりませんね。ただ想像できるのは『暮しの手帖』創刊以前の人脈で、花森と大橋が共通しているのは『日本読書新聞』編集長田所太郎とその関係者たちです。それから花森の場合は旧制松江高校と東大、帝国大学新聞人脈、画家の佐野繁次郎と伊東胡蝶園関係者、大政翼賛会のメンバーなどです。

これらの二人の人脈や関係者が主になって、創刊号に寄稿し、それが始まりで、一九五〇年代から六〇年代にかけての単行本の著者になったと考えられるし、それが最も納得がいく説明になるのではないか。

ただ私の立場からすれば、人にしても資金にしても色々と動きが激しかった暮しの手帖社の創業期に入社したわけではなく、かなりかたちが定まり、パターンが決まって走り出しているところに入った。だからそれらの詳細を把握する場にはいなかったともいえます。

―― 五〇年代の出版物として、他に戸板康二『歌舞伎への招待』、壺井栄『柿の木のある家』、扇谷正造『鉛筆ぐらし』、瀧澤敬一『ベッドでのむ牛乳入り珈琲』、野上弥生子『山荘記』、荒垣秀雄『新聞の片隅の言葉』、高橋義孝『落ちていた将棋の駒について』、池島信平『編集者の発言』などのエッセイ集がありますが、これらもそのような二人の人脈から出されていたと推測できます。それから田宮虎彦の『足摺岬』と『異端の子』という二冊の小説集が出されていますが、これらは田宮と花森が小学校の同級生、『帝国大学新聞』の編集部員だったことによっているのでしょう。

でもそれだけでなく、戦後の出版社は小説もかなり出していますので、花森も、単行本もひとつの路線として狙っていたのかもしれない。しかもこれらのすべての装釘が花森の手になるもので、『暮しの手帖』本誌のみならず、単行本のデザインにも力を入れていることが伝わってくる。

河津　とりわけ五〇年代のものはまだ実験的というか、様々なパターンが見られますけど、六〇年代に入ると、何となく垢抜けてシンプルさが表に出てきている印象がありま す。それは『暮しの手帖』連載のものを単行本化するようになったこととも関係しているのかもしれませんが。

――　それは他社の単行本に関しても同様だと思います。でもダシール・ハメット『デイン家の呪い』（村上啓夫訳、日本出版協同、五三年）、エラリー・クイーン『Xの悲劇』（延原謙訳、創元社、五六年）といったミステリーの装釘はわかりますが、ボーヴォワールの『第二の性』（生島遼一訳、新潮社、五三年）まで手がけているとは思いもよりませんでした。

河津　ＬＬＰブックエンドで刊行の『花森安治戯文集』三巻を編めたくらいですから、装釘にしても全部をフォローできていないのでしょう。そう考えると、まだ意外なものも出てくるかもしれない。

21　島田謹介写真集『武蔵野』

――そうそう、これはぜひ聞いておかなければならない一冊があって、つい最近それに関する一文を書いたばかりなんです。それは島田謹介写真集『武蔵野』（五六年）です。もう一冊の『雪国』（六二年）は見ていないのですが、Ｂ４変型の大きな本です。

河津　両方ともいい本で、『雪国』のほうは私が入ってから出たものです。

――細かいことをいって恐縮なんですけど、当時はこういう写真集が書店で売れる時代ではなかった。Ｂ４変型判を具体的にいいますと、Ａ５判の倍くらいの大きさなので、同じ大判の美術書を取り扱っている都市の大型店ならともかく、地方の書店にはこのような大型写真集を置く棚がなかったはずです。だから店売は期待できないのに、どうしてあ島田謹介写真集『武蔵野』

のような本を出したのかと思いまして。

河津　あれは花森が島田謹介さんの人柄に惚れたようなところがあって刊行されたのです。島田さんは旧制中学卒業後、上京して朝日新聞東京本社に入り、社会部写真係に所属する報道カメラマンになった。そして一九二三年に『週刊アサヒグラフ』が創刊されると、その写真班員となり、関東大震災、五・一五事件、二・二六事件などの取材に携わった。それから朝日新聞社では写真部次長などを務め、五五年に退社してフリーになるわけですが、その時点で接触ができたのだと思います。

――色々とたどってみると、多くが花森固有の人脈によって単行本だけでなく、写真集まで出されていたとわかる。でも育児や料理などの実用書などに比べ、地味な単行本や写真集が利益を上げるほど売れたとは思われない。
河津 当時は『暮しの手帖』も売れ始めていて、経済的にも余裕があったから出せたのであり、今ではとても無理ですね。

―― でもこれは私などでも参照していた証言として残して置きますが、実際に『おそうざい十二ヵ月』『おそうざいふう外国料理』『一皿の料理』などは本当に役立ちました。

河津 それは私も同様で、こういっては何ですが、フリーになってから、これらの料理本をよく使い、自分でもできるじゃないかと思いましたね。ただ私の場合、商品テストに関わり、仕事が固定化していて、著者とのやり取りが生じる単行本にはあまりタッチしていなかったことも作用しているのですが。

―― それはそれで立場は異なれど、ご同輩ということになりますか。

第Ⅲ部

22　北村の『暮しの手帖』体験

――　さて次は北村さんの入社事情のことに移ります。一九六九年入社の北村さんの場合、『暮しの手帖』体験というのはあったのでしょうか。

北村　かつて藤城清治さんが『暮しの手帖』で、「お母さんが読んで聞かせるお話」というモノクロの連載をしていました。これは七二年に富本一枝、藤城清治『お母さんが読んで聞かせるお話』ＡＢの二冊本として刊行されていますが、母親がその影絵の物語を読んで聞かせてくれた。それが『暮しの手帖』を意識するようになった最初のきっかけです。

これは後に知ったのですが、藤城は慶大在学中に「人形と影絵の劇場ジュヌ・パントル」を結成し、花森に認められ、『暮しの手帖』に影絵を連載するようになった。それで創刊号にもその名前が見えているのだと思います。

――　そうか、やっぱり『暮しの手帖』体験というのは母親などが読んでいることが必須条件となる。それが河津さんたちの世代と異なるものでもある。

北村さんの後の私たちの世代になると、商品テストのことは知っていたけれど、『暮しの手帖』をほとんど読んではいない。それこそ読んでいなくても『暮しの手帖』に応募してくる人たちと変わらなくなってくる。そこら辺の世代差に『暮しの手帖』の戦後社会における受容度の変化がうかがわれる。

北村　そのことに絡んで考えますと、五〇年代から六〇年代にかけては、何にしても製品差が大きかったと思います。例えば、今でしたらどこのメーカーの炊飯器でご飯を炊いても、そんなに性能差は出てこない。昔は商品テストの対象とされたアイロンひとつとっても、大変な落差があった。そういう意味において、何を選ぶかということは非常に大事だった。

それは七〇年代になっても続いていて、冷蔵庫のテストをした時の『暮しの手帖』の売れ足は早く、確か三日ぐらいで完売しましたから。それだけ読者が商品テストを楽しみに待っていたんじゃないでしょうか。身近な雑誌一冊で、それなりの値段の家電を比較対照し、いいものを買うことができるわけですから。

――それが『暮しの手帖』のセールスポイントですし、戦前の婦人雑誌の伝統とつながっていると思います。いってみれば、戦時中の倹約、節約の観念とリンクしている。

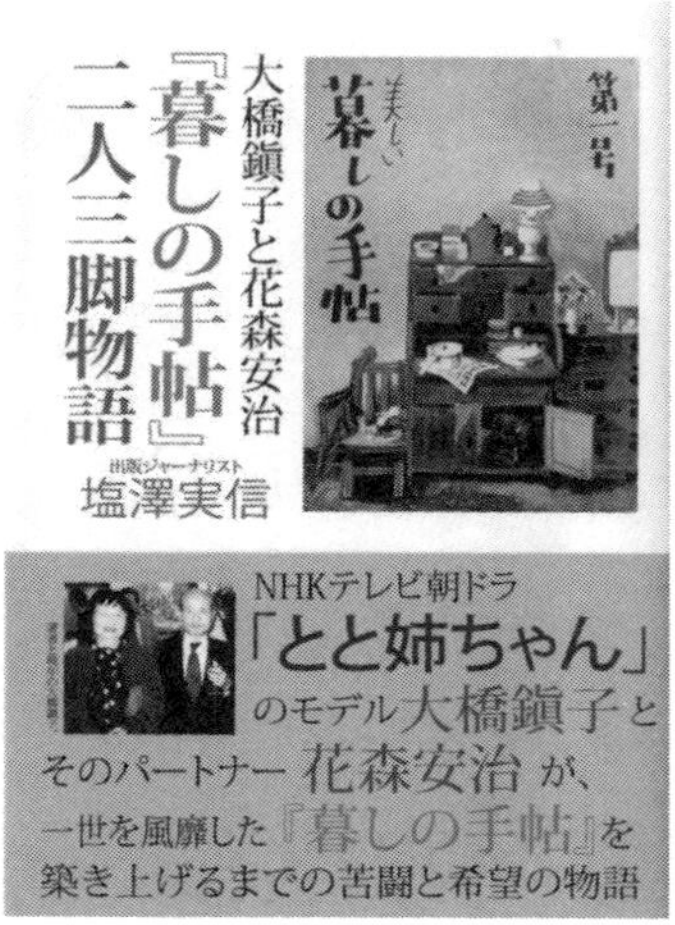

北村　ええ、そういう価値観を引きずっているところはありますね。戦後とはいえ、そういう価値観の中から『暮しの手帖』も出発していますし、広告にしても、一度だけですが、3号に資生堂の広告も掲載されている。

この当時は広告を入れるかどうか、そんなに真剣に考えていなかったと思うんですが、創刊号と2号が売れなくて赤字だったために、やはり背に腹は代えられないということで、花森がどこかの時点で決断し、資生堂の広告を載せることにしたんでしょうね。

――　大橋の『「暮しの手帖」とわたし』や塩澤実信の『大橋鎮子と花森安治「暮しの手帖」二人三脚物語』（北辰堂出版）などによれば、1、2号を出したところで資金が尽き、大橋がかつての勤め先の興銀から二十万円を借り、3号が出て4号の編集に入ったとありますから、ちょうど符合する。

北村　その大橋の資金調達、花森の「新しい婦人雑誌」「美しい暮し」というキーワードが相俟って、戦後の生活の変化とともに『暮しの手帖』も成長していった。

河津　当時はそれもひとつの売り物になっていましたし、そこに商品テストのコンセプトが重ねられるのです。

23　北村入社事情

――ところで北村さんは河津さんと異なり、新卒入社ではなかったと聞いていますが。

北村　私はその前に教科書出版社に勤め、主として中学、高校の教科書の編集をしていました。もちろん原稿を書くのは各学校の先生で、大学の先生が監修のかたちで控えていた。文部省の検定を通すことが第一の目的でしたから、編集会議といっても飲み会みたいな感じでした。

まあ、それはいいとしても、仕事に変化がなく、また自分たちの思いや考えはほとんど無視されるという達成感のない仕事だったので、少々嫌気がさしていた。

それを父親に話したところ、父親の仲間に大橋さんと『日本読書新聞』で一緒に働いていた人がいて、その人から大橋を紹介してもらった。そうしたら花森さんに紹介するから、作文を、確か自分の趣味について具体的に言及したものを書いてくるようにといわれた。

私は『暮しの手帖』が創刊された一九四八年に小学校に入っていて、さっき話しましたが、母親が『暮しの手帖』を買って読み、藤城清治の影絵の童話を読んでくれたりした。それに一緒に住んでいた祖母も『暮しの手帖』を読んでいた。それで子ども心にも『暮しの手帖』という雑誌があるんだなと思い、中高校生の頃には『暮しの手帖』の花森安治に一度会ってみたいなと考えたりしたことがあった。

その頃はそうした思いは消えてしまっていたのですが、たまたま運良く試験があったようななかったような感じで入社することになった。それは一九六九年の五月のことで、二十七歳でした。

―― 花森の印象はどうだったんですか。

北村 初めて花森さんに面接を兼ねてお会いした時の印象は、思ったより身体が大きく、腹も出ていて、想像とまったく違っていたことに驚きました。ただこの年の二月に心筋梗塞で倒れ、退院したばかりの頃でしたから、体調もいまひとつ優れないという感じでした。

それでも花森さんは最初にいいました。「暮しの手帖社はひとつの運動体だと考えてもらいたい。暮しやすい世の中にするための運動体だ。そのために自分たちの考えや主張を発表する場が『暮しの手帖』であり、その売上で社員みんなの暮しを支えていくわけだ。そこをはき違えるな。それからここの編集部は自分も含めて、一から仕事を教えない。自分で盗んでいってほしい」と。

この花森さんの言葉は『暮しの手帖』の仕事をしていく上で、いつも忘れられないものになりました。

——それに加えて、一九六九年4月が100号で、7月には2世紀1号が出ていますから、北村さんはちょうど判型も大きくなり、新たなスタートを謳う2世紀『暮しの手帖』とともに雑誌編集者の道を歩み出したことになりますね。

最初の仕事は何だったのですか。

24　最初の仕事

北村　入っていきなり、全自動洗濯機のテストをやりました。とにかく朝から晩まで、屋上に洗ったものを干すという生活がしばらく続いて、その時は本当にこれはえらいところにきてしまったなと思いました。しかし号を重ね、『暮しの手帖』の編集者生活に慣れてくると、やっぱり面白い出版社だということが肌でわかってきた。

確かにさっきから河津さんがいわれているように、やはり何かにつけて怒られましたし、もちろんまだ原稿なんて書かせてもらえませんでしたが。

それから仕事をしているうちに、一から仕事を教えない、自分で盗んでくれということもわかってきた。

――河津さんとは時代も異ってきていますが、花森はどんな時に怒るのですか。

北村　撮影の時に動きが悪かったり、その撮影した写真が駄目だったりすると、ひどく怒られた。それからやはり原稿に関してですね。花森の原稿チェックはとても厳しく、私などは何度も直され、ひどい時は句点と読点しか残っていないこともあった。

でも赤ペンが入るうちはまだよくて、直すに値しないと判断されると、赤字を入れずに、担当者集まれという号令が下る。それからなぜその原稿がダメなのか、的確に指摘する。そのために原稿をはじめから書き直すこともしばしばだった。

そうしたことが起きるので、花森が原稿を読んでいる間、編集室は緊張に包まれていたし、ダメとなると、本当にふだんの花森からは想像できないようなすさまじい怒り方をしましたからね。それにいったん怒り出すと止まらず、とにかくみんなはうつむき加減で台風の通過するのをじっと待っているという感じだった。

——発言内容は変わっていったけれど、そこら辺は河津さんから北村さんの時までまったく変わっていない。

北村　そうだと思います。

でもその一方で、雑誌全体の仕事が一段落すると、みんなの労をねぎらうことを忘れなかった。花森さんに連れられて、浅草の駒形ドジョウ、洋食店やソバ屋などにいったりしました。ことのほか下町が好きな人でした。

そんな中での忘れられない思い出もあります。心筋梗塞を患ったせいか、体調が悪かったのか、花森さんはまったく食べず、編集部員がうまそうに食べるのをじっと見守っているようなことがありました。そんな時、花森さんの気持ちの暖かさ、優しさを強く感じましたし、その時の表情が今でも忘れられません。また仕事以外でもそういうところを見せるので、何となくこの人についていこうと思い始めていたのだと思います。

25　花森の気配りとパフォーマンス

――花森は、そうした気配りの人でもあった。

北村　そういえば、こんなこともありました。私が入社して数年後の七二年に『一戔五厘の旗』で読売文学賞を受賞した。その際に私たち全員にシェーファーの万年筆をプレゼントしてくれた。それも忘れられないうれしい思い出ですが、その受賞記念パーティの日のことです。私が一張羅の背広を着て、会場に出かけようとした時、花森さんが私を呼び止め、私のポケットチーフをさっと取り、それを無造作に胸のポケットにさしてくれた。このほうがシャレてるだろうと……、胸が熱くなるほどのひとコマでした。

――なるほど、そうした花森特有のパフォーマンスというのは様々なところで発揮されたんでしょうね。

北村　社員旅行なんかもそうでしたね。暮しの手帖社にも社員旅行がありましたけど、普通の会社の社員旅行と異なり、一流ホテルなんかに泊まるんですよ。それでディナーのためにネクタイと着替えを持ってくるようにとのお達しが出る。普段はネクタイなどしないんですけど。花森としては編集者たるもの、洋食のフルコースの食べ方も知らないではまずいと思っていたんでしょうね。それでそういうところを選んだのかなと。

だからトーストの食べ方とかにもうるさかった。バターを塗ってかじりつくんじゃなくて、必ずちぎってひと口大にして食べなさいと。そういう具合だから一事が万事だとわかるでしょう。それから社交ダンスの講習などもあった。

――でもそれらの費用は会社持ちなんでしょう。

北村　もちろんそうです。そういうことで一番記憶に残っているのは嵐山の吉兆にいったことですね。庭で食事をしたんですけど、そこには川が流れていて鮎が放流してあるんですよ。それを網ですくいあげて焼いてくれる。それはやはりとても美味しかった。今でいう社員サービスにおいて、花森さんは徹底していました。

――暮しの手帖社は社則もなく、とにかく九時に出社すればいいとのことでしたが、給料のほうはどうだったんでしょうか。これは河津さんには聞きそびれてしまいましたが。

北村　前の教科書会社よりも暮しの手帖社のほうが圧倒的によかったですよ。最初からボーナスみたいなものももらいましたし。

――でも出版社でも教科書会社の場合、そんなに給料は悪くないでしょう。

北村　いや、暮しの手帖社に比べたら少なかった。百万部近く売れたとされる時代もあって、暮しの手帖社は出版社の中でも給料はよかったんじゃないですかね。ちょっと金額は忘れてしまいましたけど。とにかく、河津さんのいうように独裁型ではあったけれど、社員サービスや給料の面も含めて、花森さんはある意味で人心を摑えるのがすごくうまい人だった。

――出版社の編集長というよりも優れたオルガナイザーといったほうがふさわしいのかな。それに気前もペイもよければ申し分ないわけだから、花森はそれらを兼ね備えた人間と見なすことができるし、やはり卓越した人物でしょうね。オルグの才能はあっても、気前もペイもよくないというのが出版界の常であり、問題ですから。

北村　それで思い出しましたが、普通の出版社ではありえない社内行事のようなものを考え、常に実行していました。例えば、ひなまつり、端午の節句というのがありました。ひなまつりでは三時のおやつの時に女性軍が男性軍を招待してお茶菓子を出す。それでちょっとしたプレゼントみたいなものをもらう。逆に端午の節句の時には男性軍が女性軍を招待し、同じようなことをする。

それから誕生会というのもやっていました。どうして覚えているかというと、河津さんも私も同じ四月生まれで、誕生会も重なっていたからです。

そうした様々な会での花森のおしゃべりを聞くのも楽しみのひとつだった。興が乗ってくると止まらなくなってしまうのですが、話が面白いので、つい聞き入ってしまう。遊園地にいった話、観てきた映画、日々の社会問題などと話題には事欠かないのです。

26　花森の共同体思考

――やっぱりそういう共同体思考を前面に出さないと、花森と暮しの手帖社は理解できないような気がします。それからこれは津野海太郎の『花森安治伝』（新潮文庫）に書かれていて教えられたのですが、大橋側から見た暮しの手帖社は三姉妹によるファミリー・

ビジネスで、それは同時代に立ち上がった長谷川町子の姉妹社と相通じているとの指摘がありました。

こちらも『マー姉ちゃん』というタイトルでNHKでテレビ化されている。おそらく『とと姉ちゃん』のほうはタイトルどおり、そのように展開されていくのでしょうが、花森のそうした共同体思考は浮かび上がってこないのではないか。しかし「暮し」にこめられているのは共同体思考に他ならないから、本当はそれが一番重要なのではないかと思います。

北村　それが最も鮮明に表われたのが『一戔五厘の旗』だったんじゃないでしょうか、あれは『暮しの手帖』に書いてから一年後に単行本化している。新入社員として、その進行を横から見ていましたが、ものすごく力を入れていたことが印象に残っている。本の前半はグラビアだし、生活思想家としての花森さんの本領が発揮されていた。

その本領とは家庭、つまり「暮し」を大事にしていかなければならないというものに尽きる。私などから見て、花森さんは家庭＝「暮し」を守るために『一戋五厘の旗』を書き、「困ることは困るって言おうじゃないか」と呼びかけたと思っています。それもあって、当時はジャーナリズムもかなり取り上げ、読売文学賞受賞へと至ったんじゃないか。

——私もあらためて『一戋五厘の旗』を読みましたけど、一九六〇年代まではまだ個人と生活者のイメージをくっきりと描くことができたのだという感慨に捉われました。つまりそれはこの時代に誰々がここでこうして生きている、生きてきたというイメージです。

例えば、この人は最初のところで河津さんの同期入社の女性として挙げましたが、「世界はあなたのためにはない」の中で、林澄子というプロフィルが花森によって巧みに描かれている。この一人の女性が編集者となり、結婚して生活を営み、子どもを産んで母ともなるのだが、病気のために若くして亡くなってしまう。人生半ばにも満たなかった惜しむべき女性のことが一筆描きのように浮かび上がってくる。

もうひとつ挙げれば、それは地方の高校の先生の話で、その実家が天ぷら屋を営んでいる。その先生と家族と天ぷら屋の生活が淡々と描かれ、どこの町にもあるような市井の生活の一端を彷彿とさせてくれるし、その一生が鮮やかに浮かんでくるような感じがする。

花森はそういう生活をとても巧みに直観的に捉えることができたし、そうした生活のイメージを絶えず心の中にとどめていたといっていい。だから反戦思想というよりも生活思想が強く表出している。それと六〇年代まではそういう生活のイメージを普遍とする社会も存続していた。七〇年代以後の『暮しの手帖』の行方にも関係していると思いましたので、あえてここで言及しておきました。

さて北村さんが入社しての初めての仕事が全自動洗濯機のテストだったことはうかがいましたが、これも例の東麻布の研究室での仕事だったんですよね。

27　一九六九年の東麻布研究室

北村　そうです。ロシア大使館の横に狸穴坂という坂道があり、そこを下りたところです。玄関に入ると、まず靴を脱ぎ、自分専用のスリッパに履き替える。最初はそれに驚き、玄関に社員の靴が並んでいる光景になじめなかった。

――確かにいくら一九六九年といっても、会社ではなく、個人の家に大勢が押しかけているような感じもするわけですから。

北村　本当にそんな感じですよ。その建物全体が研究室と呼ばれ、木造建築でしたが、温かみがあり、不思議な雰囲気にも包まれていた。

一階には工作室があり、その部屋の真ん中には電動のこぎりが備えられ、壁には色々な工作道具がかけられ、鉋や釘の入った引き出しがずらっと並んでいた。その奥に化学実験室があり、これは食品などの実験をする部屋で、フラスコやビーカー、実験用の薬品などが置かれていた。一番奥が洗濯室と呼ばれていました。ここには洗濯機や湯沸かし器などがあり、水やガスを使ってテストする部屋だった。水が流れてもいいように、床全体にタイルが貼られ、大きい目の流し台、水道の蛇口、ガス栓がたくさん設置されていた。

木の階段を上がると、二階には大きな台所の備わったダイニングキッチン、それに続いて編集室、写真現像のための写真室、撮影のためのスタジオ、その他には花森、大橋専用の各六畳くらいの小部屋がありました。

――私も最初のところで、河津さんの話を通じてこの研究室のラフスケッチを試みましたが、北村さんの説明はやはりリアルですね。これに『花森安治』所収の「商品テスト入門」の部分に示されている研究室の様々な写真を加えますと、さらにそれらが立体的なものとして迫ってきます。まさにこの洗濯室で、北村さんの仕事は始まったことになる。

北村　そういうことで、何もわからないから、とにかくみんなのやることを見て、先輩からこれをやれといわれたことをやる。それについていくだけで精一杯だった。

28　『暮しの手帖』編集会議

――編集会議なんかはどうだったんですか。

北村　河津さんが前にふれられたような内容で、ほとんど変わっていなかったんじゃないかな。

『暮しの手帖』は隔月刊を目安としていたから、二ヵ月に一度、企画と記事を決めるための編集会議が二日間にわたって開かれた。これには編集部員だけでなく、営業部や経理部の人たちも全員参加する。その前日の夕方までに、各人が企画と記事プランを書いて提出しておく。最初の頃は学校の試験の答案を書いているような緊張感がありました。そしてそこで大橋がそれぞれのプランを読み上げ、各人がそのプランを出した理由を述べ合う。それから最後に花森の鶴の一声でプランの採用、不採用が決まるわけです。

――それらのプランの担当は編集者に割り振りされるわけですか。

北村　そうです。毎号、いくつかのプランの担当になります。電気製品のテストだったり、ペンキの塗り方の担当だったり、ソーラーハウスに住んでいる人を訪ねて取材し、記事を書いたりと、本当に様々でした。つまりその号によって仕事の内容がまったく違うわけです。だから変化だらけで、前の教科書会社での変化のない仕事に比べれば、同じ編集であっても、別世界のように思われた。それに加えて、色々な人との出会いもあり、そういう意味ではとても充実した毎日で、暮しの手帖社に入ってよかったと実感しました。

29　電子レンジテスト

――とりわけ印象に残っている仕事としてはどんなものがありますか。

北村　それは話せばきりがありませんが、私としてトップに挙げるとすれば、一九七四年の2世紀33号の電子レンジテストですね。タイトルは「電子レンジ　この奇妙にして愚劣なる商品」だった。

この企画を担当したのは入社してちょうど五年目で、初めて商品テストの大切さ、その結果を広く世間に知ってもらうことの重要性を認識したのです。商品テストの対象となるものは、毎日の暮しになくてはならない商品、どこの家にも必ずしも必要ではないが、家によってはあるととても便利な商品、そして必要であるかどうかわからない新製品の三つに分類できるわけです。

この電子レンジは当時各メーカーが揃って売り出し始めた新商品で、まさしく必要であるかどうかはテストしてみなければ、どちらともいえないものだった。しかも電子レンジというのは今でこそどこの家にもある商品ですが、当時はそれまでの電気やガスを使っての調理とは違う、「電波」による調理というまったく未知の調理法、調理器具でした。

——私は毎日夕方になると、晩酌の酒のお燗に使っていますが、半世紀前の電子レンジというのはそのようにして登場してきたのですね。

北村　そうなんです。しかもどれも十万円近くする高額商品でした。そこへもってきて、メーカーは「夢のような調理器具の登場！」とぶちあげたので、いやがおうでも、世間の注目を集めた。そうした発売状況だったこともあり、どのような商品なのか、とにかく色々な料理を作り、その出来上がり具合を調べることになった。まずは比較で、電子レンジで作ったものとガス火で料理したものとを、味はもちろんのこと、見た目、手間、時間、費用について比べてみた。

それは肉料理9種、魚料理7種、野菜料理12種、玉子料理6種、主食9種、おやつ8種の合計51種に及び、それらに加えて、23種の料理の温め直し、22種の冷凍食品の解凍を試してみた。そのうちのいくつかを具体的に挙げますと、今でこそ電子レンジではできないと常識になっているビフテキ、焼き魚、天ぷら、厚焼き玉子、チャーハン、ホットケーキなども実際に試みたわけです。

そして引き出された結論は次のようなものでした。「どうひいき目に見ても、せいぜいあったため直すのにしか役に立たない　そんなものに10万円前後を出すのはバカげています」。

――でもその結論に至るテストのプロセスはとんでもなく大変だったでしょう。

北村　体調がおかしくなるほどでした。料理、温め直し、解凍のすべてを合わせると、100種に近い料理点数だった。しかも電子レンジだけでなく、同時に同じ食材をガス火で調理したものと比べたわけですから、その倍の数の料理を二ヵ月間にわたって、それこそ朝から晩まで食べ続け、味を評価し、時間や手間の比較を繰り返した。そのテスト結果レポートのコアはこれも次のようなものでした。

この電子レンジを使ったからといって、これまで出来なかった料理ができたり、これまでより、おいしいものが作れたりすることはゼッタイにない。それどころか、せっかくの味を、どれもこれも台なしにしてしまう。（……）なんでもできるように、はやしたてて売るのは、一種のサギである。

この商品テストの陣頭指揮は花森がとった。商品テストには「やってみなければわからない」「使ってみなければわからない」という花森イズムが貫かれ、とりわけこの電子レンジテストはその徹底した姿勢が発揮されたといっていい。考えられる料理をすべて網羅し、試したわけですから。その結果明らかになったのは、メーカーの謳い文句である「夢のような調理器具」はことごとく裏切られたという事実だった。

この電子レンジテストを通じて、私がこれまで抱いていた大企業の製品だから間違いないだろうというようなイメージは、まったく払拭され、商品テストの重要性と大切さを学んだことになります。花森に頭で考えた理窟をいうと、「屁理窟をいうな！　やってみなければわからないだろう！」と決まって怒鳴られていましたが、その意味と重要性が入社五年目にして、やっと身に沁みたことになります。

30　男性用レインコートテスト

――電子レンジのテストの他にも記憶にとどめられているものは多々あると思いますが、とりわけ印象に残っているテストはどんなものですか。

北村　それは話し出したらいくらでもあります。でも強いて挙げるとすれば、七五年の男性用レインコートのテストですね。これは電子レンジの翌年だったこともあり、外でのテストも含まれていたので、よく覚えているわけです。レインコートで一番大切なのは防水性能の良し悪しということになりますが、それを調べるためにそれぞれのコートの同じ場所を刺繍で使う木枠にはめこみ、そこに一定の勢いのシャワーをかけ、裏から水滴がもれないかどうかを観察するんです。

そこでもれ始めた時間をチェックし、それぞれの時間を比べる。ですから途中で中断するわけにはいかないので、担当者が徹夜になることも度々ありました。また実際に雨の中を歩いてみるテストも不可欠ですから、それも自ら試みた。雨の日にイギリス製のトレンチコートを着て、レインハットをかぶり、六本木の街中を歩いたのです。花森自らがその私の姿を写真に撮った。つまり私はトレンチコートのテストのモデルになったわけで、これも忘れられない思い出です。

そういえば、モデルになったのは私だけでなく、それぞれの企画のモデルはほとんど社員で間に合わせていましたね。モデル料はいらないので、安上がりだったこともあるからでしょうが。

31 商品テストと工作

――花森の商品テストに関する考えは、一九七〇年代になっても変わっていなかったのですか。

北村 それは一貫していたと思います。最初は私も消費者のためにやっているんだろうと考えていましたけれど、花森の次のような言葉を聞いて、そうではないことを自覚しました。

商品テストは決して消費者のためにあるのではない。店に並んでいるものがどれも間違いのない性能と品質を持っているのであれば、自分の懐具合に合わせて、安心してどれでも買うことができるだろう。つくる人や売る人がそんな考え方で商品づくりを努力してもらえるようにしたいために、商品テストをしているんだ。だが人さまが命がけでつくっているものを評価するんだから、商品テストに間違いがあったら『暮しの手帖』は潰れてしまうぞ。

これらの言葉は非常に胸に深く入ってくるもので、花森ならではの商品テストに関する視座と一貫性を実感として受け止めました。

広告を載せないことも、商品テスト対象のメーカーから広告料をもらっていたら、正しい批評や紹介がやりにくくなるのは目に見えているからだといっていました。こちらも一貫していました。

それから河津さんも花森が単なる文系の人ではなく、理系の面も備えていたといわれましたが、花森はそれを体現していたし、『暮しの手帖』にも反映されていた。毎号のように料理と工作記事が掲載されていましたが、料理をつくるのも好きだったし、日曜大工の達人だった。先述しましたように研究室には工作室があり、そこに電動工具類や工作に必要な材料がすべて揃っていた。当時日曜大工という言葉が流行り、身近な日常生活品が作られたりしていた。ところが『暮しの手帖』は本格的な家具の作り方を紹介したのです。例えば、長椅子、ソファ、オーディオキャビネット、カヌー、戸棚、洋服ダンス、書き物机、テーブルなどです。実際に花森はこれらを自宅のマンションの屋上で日曜大工にいそしみ、作っていた。

それで花森が開発した工作法がある。大工や家具職人は板を組むミゾをノミなどで彫るわけですが、素人には難しすぎる。そこで材料は工場生産の均一な厚さで縦目横目を交互に組み合わせたベニヤ板を使い、その利点を生かすようにした。例えば、12ミリ厚の板を使う場合、組むために12ミリのミゾを必要とする時は、12ミリ厚一枚分の隙間をあけて板を貼り、ミゾを作る方法です。そのやり方で、花森は色々な家具をデザインし、作っていった。

――いわば、花森はドゥ・イット・ユアセルフの先駆者でもあったことになりますか。

北村　そういっていいと思います。まだホームセンターは普及していませんでしたから。

――ＤＩＹを掲げる郊外型ホームセンターは、一九七二年のドイトの出店から始まります。ですから花森は日本というよりも、アメリカのそうしたトレンドをキャッチし、『暮しの手帖』にも取りこむために、日曜大工を実践していたのでしょうね。

ところで北村さんは工作記事を担当したことがあるのですか。

北村　入社してすぐの頃、花森から君は工作が好きかと聞かれたことがある。それで私が子どもの頃から工作が好きで、小学校の夏休みの宿題には紙飛行機や船とか電車の模型、本立てを作ったりしたと答えた。

それで企画に挙がっていたカヌーの試作の仕事が回ってきた。私はそんなわけで、ある程度の自信があった。工作記事では作り方の原稿を書き、工程の写真を撮る。それを見てきちんとできるかどうかを確認してから記事にする。だから原稿と写真を見ながら試作していた。

そうしたら、ある日花森が工作室に入ってきて、どうだ、できたかと聞かれたまではよかったのですが、ほぼ完成していたカヌー本体とパドル（かい）を見るなり、「いい加減なものを作るな！」と怒り、いきなりパドルを角材に差しかけ、足で踏みつけて折ってしまった。

これにはとても驚き、呆然としましたが、後から冷静になってよくみると、パドルの表面の仕上げが粗かったとわかった。このことで花森に対する怖さというよりも、彼の仕事に対する怖さ、厳しさを知った思いに捉われた。実際に自分が工作の達人であるだけに、いい加減な仕事に我慢がならなかったのでしょうね。

32 新しい商品と文房具

―― なるほど、それは日曜大工の達人であるばかりでなく、花森の何ごとにも手を抜かないという花森ならではのエディターシップの表われなんだと解釈すべきでしょう。ところで花森はドゥ・イット・ユアセルフの先駆者だったのではないかとの推測を述べましたが、当然のことながら商品テストと不可分の新しい商品に対してはどうだったのですか。

北村 花森は新しい商品を見ると、すぐに興味を示し、ことに自分の好きなカメラや文房具に関してはただちに買ってきて試していました。仕事が一段落した時にはすぐに会社を抜け出し、カメラ店や銀座の伊東屋に出かけていた。

テレビゲームが出始めた頃は早速買ってきて社内のテレビに設置し、当時はまだ白黒のゲームで、卓球のようなものでしたけれど、昼休みや仕事の区切りがついた時には、編集部員と一緒になり、夢中になってやっていた姿が目に浮かんできます。もし今のコンピューターゲームを手にしていたら、のめりこんで大変なことになっていたんじゃないか、そんなふうにも想像してしまいます。

またジグソーパズルが流行った頃には、一度に何十個も買いこみ、かついで帰ってきたこともありました。編集部員にも勧め、買ってきたものを分けてくれたりもした。どうも自宅でも眠れない時にはジグソーパズルで遊んでいたようで、その後ジグソーパズルのことは『暮しの手帖』でも記事として掲載されることになります。

――花森は文房具に対して、とてもこだわりがあったと聞いていますが。

北村　花森は原稿ばかりでなく、誌面のレイアウトや表紙、カットやイラストレーションまで担当していたので、鉛筆を始めとして、仕事に使う文房具類には大変なこだわりがありました。『暮しの手帖』にもシェーファーのインク瓶称賛記事などを書いています。

編集部員に対しても、本人が使うはさみや定規などの文房具はすべて自費で持たせるようにしていたし、それも自分の物でないと大事にしないという花森の方針からだった。カメラなどもそうでした。

それから花森自身の机には、鉛筆、定規、はさみなどが定位置に置かれていなければならず、決まった編集部員が常に管理していた。普通の鉛筆の他に、赤や青の鉛筆はステッドラーの鉛筆削りで削り、見出しなどの書き文字用の６Ｂの鉛筆は削ってから先を紙の上で丸く整えた。

そうそう、こんなことがありました。ある編集部員が机の上の色鉛筆の箱をひっくり返してしまった。そこであわてて鉛筆を拾い、元通りに戻したつもりでいたところ、花森が箱を見て、誰がこんな馬鹿なことをしたんだと怒鳴った。なぜ怒ったかというと、花森には色鉛筆の並ぶ順序が決まっていたからで、それが乱雑に並んでいるのは美意識から許せず、それで怒りが爆発したのでしょう。

第Ⅳ部

33　花森の美意識

――美意識という言葉が出ましたが、花森はおしゃれだったともいわれています。そこら辺はどうだったんでしょうか。またスカートをはいて銀座を歩いたなどという伝説も残されていますが。

北村　花森は当時の男性としては珍しい髪型のおかっぱ頭だった。聞くところによると、あのおかっぱ頭も銀座の美容院でカットしてもらっていたようで、そういう意味ではとてもおしゃれだったと思います。

その一方で、私は花森が背広を着たところを見たことがないのですよ。冠婚葬祭はもちろんのこと、パーティでも背広は着ない。『一戋五厘の旗』の読売文学賞受賞式でも、白いジャンパーで出かけていたし、どこにいくのでもそれで通していた。

普段からジャンパーを愛用していたのは、背広が嫌いだからというよりも、仕事がしやすかったからではないかと思いますし、四季を通じてそれを着ていた。そのことに対し、背広のいいものは値段にきりがないけど、ジャンパーならば常に最高のものが着れるからというような表現をしていました。

逆にみんなが学生服を着ていた大学時代は背広を愛用していたらしいし、みんなと同じような格好はしない、それもひとつの美意識だったんでしょうね。

それからおかっぱ頭のこともあるんでしょうが、スカート姿で銀座を歩いたというのは伝説で、誰も見たことがないというのが真相です。

――酒井寛は『花森安治の仕事』（朝日新聞社）の中で、花森が幅広いキュロットやスコットランド兵でおなじみのキルトをはいていたことがあったので、それがスカート伝説につながったのではないかと書いていました。

花森は『暮しの手帖』の特異な編集長としてジャーナリズムで著名だったから、様々な伝説も流布していたということでしょうね。

34　花森語録

――さて北村さんの一九六九年入社から、つまりちょうど六九年2世紀1号から七八年にかけての花森と『暮しの手帖』編集体験を語って頂きましたが、その間にメモした「花森語録」も持ってこられましたので、それも紹介しておきたいと思います。かまいませんよね。

北村　ええ、これらは花森が編集会議などで折りにふれていったことをメモしておいたものですが、まさに「花森語録」は『暮しの手帖』の基本精神ともいえるので、箇条書きのかたちで挙げておきます。

＊読者がいいものを読んだ、という気持ちをもてるように。
＊楽しく、おもしろく、それでいて一本スジが通っている雑誌。
＊読んでおもしろく、タメになる雑誌づくり。
＊カチンとした中に楽しさ、ユーモアがある。

＊質のいいユーモアのかけている世界は真っ暗。
＊大事なことにムキにならないセンス。
＊実用の中に楽しみを見出す。
＊知的興奮をおこす。
＊驚いたことから読者をつなぐ。素朴なギモンを文章に。
＊必要なものは美しい。
＊日本人の美意識を育てる。
＊高価なものが美しいという美意識をこわす。
＊手がかかったものが美しいわけではない。
＊良識をつける。暮しの技術者を育てる。
＊庶民の立場から、いわれなき権威にたちむかう。
＊庶民の立場からひとつの運動。
＊暮しの角度からものをいう。
＊絶対守らなければならないものは、守ろう。
＊生活をどうしたらいいか、ふりまわされないで考えること。

*どうしたらいいか、自分だけよければいいという考えは捨てる。相手がどういうふうに考えるか。

*日本のインテリは、自分たちが動かないで、知識を供給するだけ。それでは世間は動かない。

*目次を飾るだけの総合雑誌を軽蔑。雑誌によって、少しでも人が動かなければならない。

*高い目線で、読者を指図してはいけない。

*説得は、常に具体的であること。

*現在のものにあまんじない。

*できのいい号が作れたときは、次の号はまったく違うことをする。

*百年後に見ても評価にたえるものをつくる。

*中味の濃い暮らしが大事。いのちを保つだけの栄養学はくたばれ。

*生命は、クスリや医術で左右されるものではない。科学の思い上がりを見直す。

*合成は悪という思想を壊せ。人間を改造して毒に強くなれ。

――これらは確かにこれまでの『暮しの手帖』の精神と軌跡に関する「花森語録」ですが、河津さんが指摘された七〇年代前後における花森の政治的社会的変化ともリンクしている。

また河津さんから1世紀の『暮しの手帖』は創刊号から20号、21号から37号、38号から100号の三つの時期に分けられるという見解も出されていますので、それもトレースしてみて頂けませんか。

35 『暮しの手帖』の三つの時期

河津 創刊期の『暮しの手帖』は花森が戦前から編集に関わっていた生活社の「婦人の生活」シリーズの誌面や内容を継承したもので、創刊当時の誌面で特徴的なことは読者参加の色彩です。それぞれの号の「あとがき」で誌面構成や内容について、読者に常に意見を聞いているし、その意味で読者が何を求めているか、模索期だったといえる。

私が入った頃には読者宛の「手帖通信」というのを出していた。これは葉書一枚に次号予告をまとめて印刷し、一時は三〇万枚に及んだこともある。これをめぐる花森のエピソードとしては宛名字や切手の貼り方にもうるさかった。まあ社員教育の一環でもあったのでしょうが。

―― 確かに創刊号の「あとがき」を見ても、「どうぞ、あなたの、具体的な、ご感想を、きかせて下さいませ」という読者への呼びかけ、「おねがいします。どうか一冊でも、よけいに、お友だちにも、すすめて下さいませ」という販売促進、「この雑誌には、むつかしい議論や、もったいぶったエッセイは、のせないつもりです」という読者へのメッセージから構成されていますし、そのとおりでしょうね。

河津 そして21号から37号にかけては編集方針や内容などが確立されていき、新しい時代への対応がなされるようになってきた。38号で「雑誌の広告料について」を書き、「広告に頼らない雑誌づくり」を『暮しの手帖』の編集理念とする決意を固め、そのあたりからそれまでの戦後の「暮しの工夫」といったテーマが、「商品テスト」に象徴される「商品」との関わりを中心とするテーマへと転換していった。

それらのテーマが100号に向かう過程で確立され、住まい、台所、買い物、子ども、健康、食べ物、料理などと「商品」の関係が問われる内容へと向かっていった。

―― その過程で、河津さんがいわれた花森も変化し、それが『一戋五厘の旗』となって単行本化される。私などはそこに示された散文詩に花森の白樺派の系譜を感じてしまう。

河津　そうした志向はありましたね。それは政治、社会問題、セックスは取り扱わないといっていたことにも表われている。

——ところが『一戔五厘の旗』で政治、社会問題が前面に出てきた。それから性も。

北村　それはただ一度だけですが、七五年に『スポック博士の育児書』絡みではあるのですが、『スポック博士の性教育—ティーンエイジャーのために』(暮しの手帖翻訳グループ訳) を出している。

その販売促進のために私も女子高にいって、生活指導の先生に生徒たちに読ませて下さいと依頼して回ったこともありました。でも性に関する本はあの一冊だけだった。

36　戦後社会の変容

——それらは花森や『暮しの手帖』の変化でもあるのですが、やはり戦後社会の変わり方ともパラレルなんでしょうね。

私は一九五一年生まれですけど、今年から論創社のホームページで、「本を読む」という連載を始め、六〇年代前半の時代を背景とするミステリーや時代小説体験のことを書いています。それであらためて認識するのはとにかく唖然とするほど社会が変わってしまったということです。

都市のことはわかりませんけど、私が暮らしていた地方ではまだ水道もガスも整備されておらず、電信柱も木で、道路も舗装されていなかった。もちろんテレビも一般的に普及していなかったし、生活インフラがまったく異なっていた。それが激変していったのが六〇年代後半から七〇年代にかけてだと思います。

そういう戦後の社会文脈からすると、『暮しの手帖』が創刊された一九四八年はまさに敗戦後だったし、実際にGHQの占領下にあった。

河津 五〇年代に入っても、敗戦の痕跡は至るところにあり、まだ焼け跡が残っていましたから。

―― 今ではちょっと想像を絶する時代であり、そのような中で新しい生活をめざしていかなければならないという気分が、五〇年代の社会のベースにあったと考えていいのでしょうか。

河津　そうだと思います。そこに『暮しの手帖』と花森の生活思想が提出され、雑誌の成功によって花森はある種のスターになり、出版サクセスストーリーの主人公になっていった。だからスターにまつわる神話や伝説も生まれていく。我々にしてもそれをしきりに聞かされてきたわけです。

北村　やはり敗戦後から高度成長期の大きな波に乗っかることができたというのが大きいですね。それで読者が花森の生活思想に飛びつき、花森教ではないけれど、みんなが宗教みたいな感じでついていった。

――そうでしょうね。戦後社会もそういうものが必要だと花森は承知していて、『暮しの手帖』の生活思想を打ち出した。それこそ意識的かどうかはわかりませんが、大政翼賛会の経験の逆バージョンを試みようとしたのかもしれない。

河津　本当に敗戦ということがなければ、『暮しの手帖』みたいな雑誌は生まれなかったかもしれませんね。

――戦後の雑誌というのはそういう宿命を負っているような気がします。やはり戦後に創刊された『真相』（人民社）という雑誌があります。これを三一書房の復刻で全部読んだのですが、戦後の一時期にしか出せなかった雑誌ではないかと思いました。

戦後のパラダイムの中で、大きな物語としての雑誌を創刊できたのは六〇年代までだったかもしれません。論創社にしてもリトルマガジン『国家論研究』から始まっていて、ここにいる森下さんの言によれば、それが可能だったのはオイルショック前までだということです。

河津　六〇年代までは上向きのところに持ってきて、厳しさもありましたが、勢いもあり、みんなが一生懸命に働き、それなりにまんべんなく還元されてもいたので、生活の向上も大きなテーマとして成立することができた。そこで『暮しの手帖』の戦後における生活思想がクロスしていく。

37　消費社会の出現

――　それが『暮しの手帖』のみならず、雑誌の創刊と成長を支えていたひとつのファクターでもあった。

それからオイルショック後に日本は消費社会化していく。一九七三年に第三次産業就業人口が五〇％を超え、それまでの第一・二次産業を中心とする生産社会からサービス、物販などをコアとする消費社会へと移行した。消費者という存在がクローズアップされてくる。私の専門は郊外消費社会論なので、少しばかりそれを説明させて下さい。

またその消費社会は一方でモータリゼーションと郊外化を伴い、八〇年代には郊外消費社会が隆盛を極めるようになる。それを形成したのは広い駐車場を備えた郊外型商業店舗、すなわちロードサイドビジネスで、ファミリーレストランを先駆けとして始まり、コンビニエンスストアやファストフードが続き、さらに多くのサービス、物販業が加わっていった。

それらのロードサイドビジネスによる郊外消費社会の成立はストリートビジネスだった従来の商品街を衰退させ、またそれは全国的な普及を見ることによって、全国各地の風景を均一化させていったのです。その成長のキーワードは安さと便利さで、このふたつが郊外消費社会を支えるコードとなります。

これは都心にいては見えない風景で、一九七〇年後半、奇しくも花森の死と重なるのですが、そうした社会の動向に目を向けていたのかどうか、とても気になるのです。『暮しの手帖』の生活思想というのは生活の質の向上だったとも見なせますが、八〇年代の主流となった郊外消費社会は質ではなく、安さと便利さです。

そしてそのかたわらでは生活のエンターテインメント化が始まっていく。それまでと異なる雑誌を例にしてたどりますと、七〇年には『アンアン』、七一年には『ノンノ』が創刊され、若い女性たちの新しいファッションと消費生活様式の出現を促し、七二年の『ぴあ』は情報消費をビジネス化していく。

一九七五年の『月刊プレイボーイ』はセックスとマスカルチャーを大量消費させる装置のように出現し、七六年の『ポパイ』はアメリカ的ライフスタイルと日用品のカタログ雑誌でもあり、サブカルチャーの台頭でもあった。

それらとパラレルに進行したのはクレジットカードを始めとするカード社会化、プレハブ住宅をメインとするマイホームブーム、十万組を超える離婚率の増加、ディナーサービス、高齢化、病院化社会、戦後世代が過半数に達する戦後世代社会への移行などが挙げられます。

長々と色んなことを挙げて恐縮なんですが、これらに寄り添うかたちで、日本の社会が近代から現代へと移行したように、近代家族も現代家族へと転換しつつあったと思われます。そこで近代家族を読者対象とする『暮しの手帖』は台頭してくる現代家族を読者として獲得できていたのか、花森は七八年一月に亡くなってしまったので、それを確認しなくてすんだといえます。

でも残された河津さんや北村さんたちはそうした問題と直面せざるをえなかったのではないでしょうか。いってみれば、『暮しの手帖』そのものが商品テストにさらされる時代を迎えようとしていた。

38 『暮しの手帖』のファッション記事

河津 それはまさに我々が直面した問題だし、前に『暮しの手帖』発行部数推移にふれましたが、一九七〇年代までは九〇万部の上り調子を保っていたけれど、八〇年代から九〇年代にかけては釣瓶落としのような感じで、五〇万部を割りこみ、半減してしまった。

―― このインタビューのために、七七年の48号から八二年の78号までの三十冊ほどに目を通してきたんですけど、ファッション記事の野暮ったさはちょっと問題だと思いました。

例えば、八四年に『アンアン』では吉本隆明がファッション特集に出て、コム・デ・ギャルソンを着て、ファッション論を展開している。吉本もおじさんだけれど、それなりにコム・デ・ギャルソンが似合っていて、何か見直すような気にもさせられたし、消費社会で思想を語るためにはファッションも不可欠な時代に入ってしまったことを実感させてくれた。

それに対して、埴谷雄高が批判し、所謂「コム・デ・ギャルソン論争」が起きるわけですが、そこに埴谷の限界があったのではないかと思うのです。そこら辺は花森と共通しているのではないか、世代的にも埴谷は一九一〇年生まれですので、一一年生まれの花森とほぼ同じである。花森の亡くなる七七年の『暮しの手帖』のファッション記事は外人のおばさんが自国の郷土衣裳を着ているような印象があって、これでは新しい読者を増やしていくのは難しいんじゃないかと考えるしかなかった。

河津　確かにファッション記事は若い子たちから野暮ったいと思われていたでしょうね。

北村　これは花森自身の考え方だったんでしょうけど、彼は所謂プロのモデルは使わず、街で見かけた外国人などに頼み、モデルになってもらっていた。洋服を着ている歴史が日本人と外国人とでは全然違うので、その中で素敵な人を見つけてモデルにしていたんだけど、今から見るとちょっと駄目ですね。

―― そのモデルの選択というのも花森の固有のバイアスがかかっていて、河津さんがそれに類することをいってましたものね。

河津 ああ、あのことですか。ある時、女性編集部員が白いブラウスで下着が透けるような服装で出てきた時、「そんなものを着てくるな!」とすごく怒ったことですね。それは確かに変に印象に残っています。

―― 性は取り上げないことと絡んでもいるのでしょう。でも洋服云々をいうのであれば、ラテン民族の場合、肌の露出も含めてのものですし、見せるほうがいいという価値感になる。それが美術などに象徴されるように西洋文化の一角を形成している。花森の女性観からすると、そういう部分だけは認めないということになってしまう。

実際に編集現場におられた場合、それでも部数が伸びているうちはよかったけれど、それが落ち始めるとどうなるか、それが問題だと感じました。映画の『男はつらいよ』シリーズのタコ社長のように経営している印刷工場が六〇年代とまったく変わっていなければいいのですが、『暮しの手帖』の場合は現実の社会と併走しているわけですから。

北村 おそらくそこが一番弱かったんでしょうね。山本夏彦が花森が死んだ時、どこでだったか失念しましたが、「『暮しの手帖』は終わった」とはっきり書いたんですよ。我々もかなりショックを受けましたけど、花森は別に時を見計らって死んだわけではない。でもあなたがいわれた郊外消費社会の出現とほぼ同じ時期であるのは象徴的だと思います。それがモータリゼーションの成長と手を携えていたにしても、『暮しの手帖』の商品テストで自動車を取り上げることはできないし、それは最初から除外されていた。

―― ところが一世帯当たりの乗用車保有状況は七五年には全世帯の半分、九五年には全世帯が一台となり、それこそ車が洗濯機や冷蔵庫と変わらぬ日常生活用品になってしまった。それは郊外住宅やマンションも同様です。

39　生活と食の変化

河津　この時代から生活の感覚や考え方が違ってきたということですね。『暮しの手帖』の「暮し」とはデパートやスーパーや商店街での買物をすることを中心に想定されていましたが、それが郊外のロードサイドビジネスに移行し、「暮し」自体が変わり始めた。とりわけ生活はコンビニ、ファストフード、ファミレスを抜きにして語れなくなっていく。

―― だから思ったのですが、「暮し」の雑誌を長きにわたって編集すること、しかも

そこには花森固有の生活思想があり、一方ではその「暮し」の概念がドラスチックに変わっていく中で、それを主体とする雑誌を編集することは一番難しいのかもしれない。

私が目を通してきた2世紀48号から78号はそれに直面しているようにも映る。一九七七年の48号に花森は「ものみな悪くなりゆく」というエッセイを寄せていますし。それから49号の商品テストは「売っている弁当は大丈夫だろうか」ですし、記事として「おかず材料を配達する会社」も挙げられている。花森の時代に対する苛立ちも含まれているような気がする。

近年になって、家庭の食卓はさらにドラスチックに変わっていることが、岩村暢子の『普通の家族がいちばん怖い』や『家族の勝手でしょ!』

（いずれも新潮文庫）で報告されている。これらを見たら、花森はもはや怒るのではなく、言葉が出てこないのではないか。

河津　料理についても、花森はある意味で贅沢というか、享楽主義じゃないかと思うくらい美味しいものが好きだった。『暮しの手帖』では大阪ロイヤルホテルや帝国ホテル、吉兆のレシピを紹介していた。

――ホテルのほうのレシピの単行本が『一皿の料理』や『おそうざいふう外国料理』で、我々がそれなりに愛用したものですね。

河津　そうです。花森の考えからすれば、それらのレシピをある程度理解できれば、家庭でも同じ味のものができるのだということを実証してほしいので、そうしたホテルを選び、一冊を編んだ。

それから料理ではなく、家庭のおかずは母から娘へ、姑から嫁へと伝えられるもので、それを母親にかわって作った「おかずの学校」として、『おそうざい十二ヵ月』も企画されている。

編集者として、花森のそうした姿勢はすごく立派だし、我々もそれを認めてきた。ところがここにきて、弁当の商品テストやディナーサービス会社の記事を取り上げなければならなくなったのは、花森としても内心忸怩たるものがあったのじゃないかと推測していますし、我々にしても同様でした。

——「暮し」の黄昏みたいな感じなのかな。実際に花森にも黄昏がしのび寄ってきていたのですが、この頃の編集部ですけれど、花森を筆頭にして河津さんや北村さんも揃い、四三人ですから、広告収入のない隔月刊雑誌としてはかなり多い。だから、売上部数が維持できないと、経営が難しくなることは目に見えている。

北村　その時代は発行部数九〇万部でしたから、編集部も最も人数が多かったんだと思います。私が入社した時は三一人でしたから。

40　花森の死

——そのような編集部態勢の中で、花森は一九七七年の52号の編集を最後として七八年一月に六六歳で亡くなってしまうわけですが、かなり体調も悪くなっていたんでしょうか。

河津　北村さんもふれられていましたが、花森は六九年二月に取材先の京都のホテルで、心筋梗塞で倒れています。1世紀100号が出る前でした。それまではヘビースモーカーでしたけど、医者から禁煙をすすめられ、ぴたりと止めました。しかも翌年の2世紀5号に「たばこをのみはじめた息子に与える手紙」という煙草の害を実証する一文を書いた。これは禁煙のすすめだったので、これを機にして編集部員にも煙草を止める者も出ました。

その一方で、花森はこれも医者からいわれたのでしょうが、嫌いだった運動をするようになった。景気のよい頃は銀座のタクシー会社で外車《がいしゃ》のハイヤーを一台専用に雇い、花森と大橋の出勤用にも使っていたのですが、それ以後は三輪車に乗り、通勤するようになった。その三輪車は前に一輪、後ろに二輪あるもので、当時としては珍しかった。それを選んだのは花森が自転車に乗ったことがなく、それなら倒れる心配がなかったからです。

自宅から会社までは歩いても三十分ほどだったけれど、とにかく病気してからはその三輪車で通勤していた。日曜日にもその三輪車で遊園地などにいっていたようで、会社での話からそういうことがわかりました。それから社員の草野球の試合の応援にも、三十キロ以上離れたグラウンドまで三輪車できてくれたこともあった。

――それなりには健康管理に気を配っていた。

河津　といっても仕事は相変わらずでしたから、何もいいませんでしたが、体調が悪い時もかなりあったと思います。

でもそれがきっかけとなって、前にもいいましたが、花森の言動も変わっていったのかなとも考えています。8号に「見よぼくら一戋五厘の旗」が掲載され、七一年には『一戋五厘の旗』が刊行されていきますし、以後政治的社会的問題への発言も増えていきましたから。

――その矢先に急逝してしまう。今から考えれば、六六歳というのはまだ若いといっていい。

花森の死に関してはここで贅言をはさむよりも、河津さんが持ってこられた『朝日新聞』の記事を次ページに掲載しておきたいと思います。

北村　本当に今の河津さんや私の年を考えれば、花森さんの死は早逝だったと実感してしまいますね。

――でも『暮しの手帖』の現役編集長として、全盛といった時代に亡くなったことは幸せだったかもしれない。こんなことをいうと怒られるかもしれませんが。

河津　いや、それはまさに当たっています。それを我々は後に身に沁みて感じることになるわけですから。

消費者運動の草分け
花森安治さん逝く

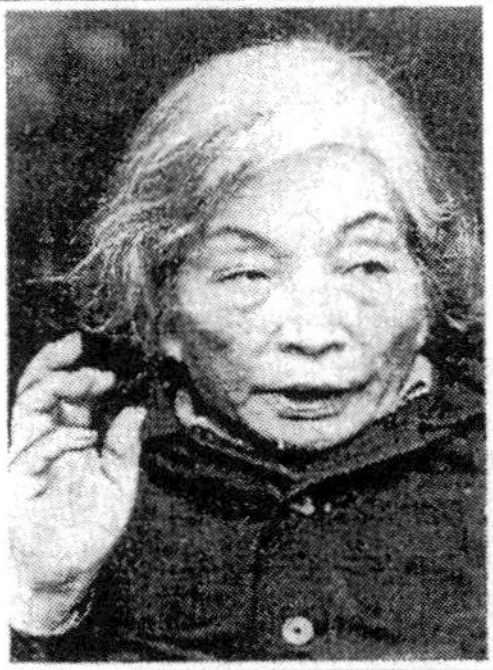

「暮しの手帖」編集長で、服飾・風俗評論家として知られる花森安治氏が、十四日午前一時半、心筋梗塞（こうそく）のため、東京都港区南麻布二ノ五ノ一四の自宅で死去した。六十六歳。社葬による告別式は十六日午後一時から、港区東麻布三ノ三「暮しの手帖」社研究室で。喪主は妻のもも代さん。

花森氏は明治四十四年十月、神戸市生まれ。東大文学部美学科の学生のころから服飾の研究を志し、卒業論文も「社会学的美学より見たる衣粧」だった。戦後、銀座に衣裳研究所を創立、わが国にスタイル・ブックを流行させた。自らも「女がズボンをはき、男がスカートをはいてなぜ悪い」と、長髪にパーマをかけ、毛ズネにスカートをはいて銀座をかっぽ、服飾界に異彩を放った。

二十三年秋、「暮しの手帖」を創刊。広告は、いっさい載せない編集方針で生活、服飾を通して「庶民の旗」を掲げ続けた。即興のセンスと巧みな表現の風俗評論家としても知られ、戦前に「欲シガリマセン勝ツマデハ」「足ラヌ足ラヌハ工夫ガ足ラヌ」などの名スローガンを流行させた。

一銭五厘の召集令状で軍隊に引っぱられた庶民を歌い上げた随筆集「一銭五厘の旗」で読売文学賞を受賞したほか、「服飾の読本」「暮しの眼鏡」など多数の著作がある。

「消費者運動」という言葉がない時代から商品テストを実施、わが国消費者運動の先駆者でもある。

一九七二年、フィリピンのマグサイサイ賞を受けたが、その賞金を全額、同国の消費者運動に寄贈。同国では「ハナモリ基金」と呼ばれているが、本人は生前、この事実を隠していたという。

九年ほど前にも心臓発作を起こして倒れた。昨年暮れも「寒くなると体の調子がよくない」と十一月末から十二月二十日まで都心の病院に入院していた。

ことしの正月は自宅で過ごし、「暮しの手帖」最新号の仕事がやっと終わった十三日は、ゆっくりくつろいでいたが、十四日午前零時過ぎになって気分が悪くなり、妻のもも代さん（[illegible]）が背中をさすってあげると、「気持ちがよくなった」と居間のソファに座っているうち発作に襲われた、という。少し苦しみはしたが、もも代さんに見守られながら静かな最期だったという。

第Ⅴ部

41　大橋鎭子「編集長花森安治のこと」

――だが定期刊行の雑誌の宿命ですので、その後ほどなくして花森なき初めての『暮しの手帖』ともいうべき53号が出ます。その「編集長の手帖」で、大橋鎭子はレクイエムとしての「編集長花森安治のこと」を書いています。

大橋はその突然の死と暮しの手帖研究室での葬儀を報告し、花森の死に至るまでの胸中を示すものとしての一九六九年の１００号の「あとがき」を引用していますので、ここでもそれを引いておきます。これまで河津さんと北村さんによって語られてきた花森の編集者としての軌跡とプロフィルが凝縮されているからです。

百号をお届けします。……こう書いてみてさすがに感慨深いものがあります。一号（昭和二十三年九月）と、この百号（昭和四十四年四月）のあいだには、二十二年という年月が流れています。いま一号を出したころをふり返ってみて、この二十二年という年月の、一日一日が積みかさなってきた、その重みというものを感じています。

雑誌というものは編集者と読者の共同作業で作られるものだということ、これがこの二十二年の年月を通じて、リクツではなく、実感として、ぼくたちが骨身にしみて知らされたことなのです。

この雑誌を育てていこうという気持この雑誌を支えてやろうという気持、それが読者のほうになければ、いくら編集者だけがキリキリ舞いしても、決しておもうような雑誌は作れるものではありません。

そういった意味で、ぼくたちは、分にすぎた質のいい読者の、それも非常に厚い層を、この百号まで、ずっと持ちつづけたということは、なによりの幸せでした。

この雑誌は広告をのせていません、そのた

めに、どんな圧力も感じないでやってこられたのだとおもいます。

この姿勢は、これからさきも、決して崩すことはないでしょう。編集者として、〈何ものにもしばられることなく、つねに自由であること〉これにまさる幸せは、ほかにはないからです。

ついでにここでぼく自身の私的な感想をのべるのを許していただきたいのです。

一号から百号まで、どの号も、ぼく自身も取材し、写真をとり、原稿を書き、レイアウトをやり、カットを画き、校正をしてきたこと、それが編集者としてのぼくの、なによりの生き甲斐であり、よろこびであり、誇りである、ということです。

雑誌作りというのは、どんなに大量生産時代で、情報産業時代で、コンピューター時代であろうと、所詮は〈手作り〉である、それ以外に作りようがないということ、ぼくはそうおもっています。

だから、編集者は、もっとも正しい意味で〈職人《アルチザン》〉的才能を要求される、そうおもっています。

ぼくは、死ぬ瞬間まで〈編集者〉でありたい、とねがっています。その瞬間まで、取材し写真をとり原稿を書き校正のペンで指を赤く汚している、現役の編集者でありたいのです。……

そしてまた花森は大橋に「僕が死んだときの号のあとがきに、ぼくの遺言を書いてほしい」と託されていたことを明かし、それも掲載している。これらも引いておきます。

……読者のみなさま、本当にながいこと、暮しの手帖をお愛読下さいまして、ありがとうございます。昭和二十三年創刊したときは一万部でした、あれから三十年、部数が九十万になりました。これは、みなさまが一冊、一冊、買ってくださったからこそです。

広告がないので、ほんとに一冊一冊買っていただかなかったら、とても今日までつづけてこられませんでした。そして私の理想の雑誌もつくれなかったと思います。力いっぱい雑誌を作らせていただき、ほんとうに有難うございました。

それにあまえて、お願いがあります。いままで暮しの手帖をよんだことのないひと、一人に、あなたが暮しの手帖を紹介して下さって、一人だけ、新しい読者をふやしていただきたい。これがぼくの最後のお願いです……

この花森の遺言に続いて、大橋は「花森の意志をつぎ、叱られ、きたえられた四十人あまりの編集部員がおります。なんとか、お役に立ついい雑誌を作ってゆきたいと、いまはそれのみ思っております」と書いています。

この大橋の言は河津さんや北村さんたちすべての編集者の思いであったはずです。それがどのような経緯をたどることになったのかをうかがわなければなりませんし、色々と話しにくいこともあるでしょうが、率直にお願いできればと思います。

42 『暮しの手帖』の変化

北村　まず表紙が変わりました。53号の表紙は花森が病気になった時に使うようにと、大橋に渡されていた絵で、これが花森による表紙の最後になりました。

1世紀は絵と写真の双方が使われていましたが、2世紀からは絵だけになっていました。花森本人の口から聞いたところによれば、表紙を描く時、いかに変化をつけるかとい

うことに苦心したそうです。二〇一二年に世田谷美術館で、「花森安治と『暮しの手帖』」展が開催された時、表紙の材料と技法の一覧が編まれましたが、それを見ると、絵の好き嫌いはあるでしょうけど、毎号、技法や雰囲気を変えるという苦心のほどがリアルにうかがわれる。

花森は自分の部屋にこもって描き、途中で社員に見せなかった。でき上がったら、その絵を持ってきて、みんなに見せ、反応を確かめていた。おそらく大橋には一番最初に見せていたんでしょうね。表紙が写真だった頃は知らないんですけど、やはり材料集めから始め、苦労して撮っていたのではないかと察せられます。

――それが54号から変わるわけですね。

河津 そうです。表紙はあの影絵の藤城清治の担当になる。やっぱり花森とは違うし、それは号を追うごとにはっきりしてくる。

——私は表紙よりも、中身が異なり始めているように思います。

例えば、花森が最後に編集した52号のトップ記事の「的矢の海に生きて」は写真、文章、レイアウトにしても、花森らしさを感じさせる。

ところが54号の同じくトップ記事「お父さんお母さん、自信を持ちなさい」は写真、文章、レイアウトから、花森ならではのスタイルが稀薄になっている気がします。何か主を失ってしまった感が漂っている。

それでもう一回表紙も見ると、やはり違うと思ってしまう。これは考え過ぎなのかな。

河津　いや、それは『暮しの手帖』の定期講読者であれば、否応なく感じてしまったところでしょうね。花森が独裁的に編集していたわけですから、張本人がいなくなってしまった。それで編集部の何人かを中心にしてやっていこうというかたちで再出発した。その最初の号が54号だった。だから当然のことながら、誌面にもそれが反映せざるをえなかった。

最初のうちは花森の最後の言葉を一人一冊でもいいから広めていこうという機運もあり、そういう特集をした号は部数が三万ほど伸び、それなりに売れたのですが、それ以後は落ち始めた。

北村　花森は自分で盗めといったほどなので、手取り足取り教えるようなことはなかったけれど、やはり社員の中には何か叩きこまれていた。そういう意味ではある程度継承できたのだが、花森の死によって、所謂オピニオンリーダー的な発言や発信はなくなってしまった。そういうことは感じますね。

43　後継者の不在

――それが52号と54号のトップ記事に表われてしまったことになると見ていいし、花森に代わる者、もしくはキャラクターを輩出できなかった。

河津　それは花森が独裁者だったけれど、権力主義者ではなかったこと、暮しの手帖社自体が同族会社の典型だったから、後継者を育てるという意識もなかったことと関係しているはずです。

花森が権力主義者であれば、必ずその真似をするミニ権力者が生まれていたはずですし、同族会社でなければ、後継者争いも生じていたでしょうし、逆にそれが花森なき後の『暮しの手帖』をリニューアル化、活性化、もしくは新しい雑誌の創刊へとつながっていったのかもしれない。もちろんこれは希望的観測でしかありませんが。

――それはちょっと難しいところですね。

ところで河津さんや北村さんは編集部の内側にあって『暮しの手帖』の読者層を早くから見ていたといえるでしょう。そういった花森編集長時代の『暮しの手帖』の読者層と花森なき後の読者層の相違について、感じるところはあったのでしょうか。

北村 編集部としてはそこら辺のことを捉えていなかったですね。それは花森が亡くなったのが『暮しの手帖』の絶頂期で、そうした状況がしばらく保たれていたからです。

――ということは七〇年代までが全盛期だとすれば、会社の寿命ではないけれど、雑誌の寿命も三十年ということになるのかな。

北村 そうですね、売れる部数の伸びから考えれば、そうかもしれません。

河津 それと『暮しの手帖』はあくまで花森の雑誌だったということですね。例えば、広告を載せないことは花森の信念とエディターシップに由来するものだし、広告ではなく読者がスポンサーになっていることに自信を持っていた。

そうした彼の信念、エディターシップ、自信といったものは大橋鎮子にしても考えが及ばなかったし、我々も同様だった。そうしたことを含め、花森なき後の会社の将来に関して、見通すことは無理でした。

――雑誌だけでなく、出版社の寿命のことも考えてしまいます。「出版人に聞く」シリーズ13の『倶楽部雑誌探究』の塩澤実信さんが論創社から『出版社大全』という本を出している。これは十数年前（二〇〇三年）の本なんですが、百二十社のうちつぶれているところもかなりあります。それに現在はこんな出版状況ですから、水面下でも他社の傘下に入ったり、他産業によってM&Aされたりしている出版社も多いと思います。

北村　『とと姉ちゃん』じゃないけれど、出版社の創業から全盛期にかけては神話的に物語化される。『暮しの手帖』に関しても同じです。またいい時代のことしか書かれていませんし。

――まったくそうですね。どうして松浦弥太郎が『暮しの手帖』編集長になり、それが何をもたらしたのか、そのことは語られていませんし、誰が招いたものかもはっきりしていないと聞いています。

北村　私も大橋鎭子ではないということしか聞いていません。当時の社長だった横山泰子の要請を受けてのことだったようですが。

44　花森なき後の『暮しの手帖』

——それはともかく、花森なき後の『暮しの手帖』はどういう道をたどることになったのか。

北村　花森が亡くなって七、八年後の八五、六年ぐらいまでは何とかやっていけたんですけど、そこら辺から急激に売上部数が落ちていった。八〇年代始めまでは九〇万部を保っていたのですが、九〇年代後半に入ると五〇万部を割りこんでしまった。

——坂を転げ落ちていくような感じですね。

その頃に河津さんはお辞めになられたんですか。

河津　いや、私はその前の八三年で、花森が亡くなってから六年が経っていました。ですから暮しの手帖社に二六年いたことになります。偉大な舵取りを失って、どうなることかとささやかれた危機をどうやらやりすごしたかと、一息ついたとき、音楽雑誌を創刊するので手伝ってくれという話があり、そんな声がかかるうちが華かと思い、退職したわけです。

――その頃から社員の移り替わりが起きていたのですか。

河津 いや、私が辞めた時はそれほどでもなかったのですが、もう少し後になると、入れ替わりが激しくなったようですね。

――その頃なのかな、私の友人のフリー編集者の冨板敦の細君が入社したのは。残念なことに、以前に彼女とは一度会うことになっていたのですが、転職した『dancyu』の仕事が忙しく、抜け出せなくて会わずじまいになってしまいました。

河津 それは里見美香さんですね。今でも年賀状はやりとりしていますし、彼女は優秀だったし、プレジデント社に移り、『dancyu』の編集長も務めたんじゃないかな。

――ええ、私もそう聞いています。この本が出たら、ここにいる森下さんに一席設けてもらい、彼女からも、当時の話を聞いてみたいと思います。

河津 それはいいですね、ぜひお願いします。

北村 私も大賛成です。

――ということなので、森下さん、よろしくお願いします。

それで河津さんや里見さんはとりあえず辞めることになったけれど、北村さんはまだずっと在籍していた。

45　自費出版部門の立ち上げ

北村　私は二〇〇九年に退職したのですが、組合規定よりも定年を過ぎていました。それは私が立ち上げた自費出版などとの関係からです。

一九九〇年から本誌の売上の落ち込みをカバーするために別冊号の刊行を始め、それを年間三冊出すようになる。その後、別冊編集部と単行本部門を独立させるわけです。

その一方で、それまで暮しの手帖社にはなかった組合もできる。独立組合ではなくて、出版組合の一部としてできたのですが、それらのことによって、組合のなかった同族会社としての暮しの手帖社体勢も力関係が変わり始める。

そこで河津さんにも復帰をお願いして、自費出版部門の立ち上げを提案したのです。当時自費出版が流行り始めていたものですから。

――『暮しの手帖』で自費出版の案内広告を見て、そうか、暮しの手帖社も自費出版を手がけるようになったかと思いましたが、北村さんが始めていたのですね。

北村　これはその頃から赤字続きになってきて、強い危機感を覚えていたことによっています。『暮しの手帖』本体のほうの回復は難しいけれど、読者からは自分の本を出したいという相談が入ってきたこともあったので、それを生かすべきだと考えた。それで二〇〇〇年に自費出版部門を強引に立ち上げたわけです。市民出版という意識で……。

——それで業績はどうだったのですか。

北村　それは自分でいうのも何ですが、大成功だったと思います。資金繰りにかなり貢献しました。その成功は、『暮しの手帖』には、いい読者がついていたことに尽きるのですが。

それとずっと雑誌編集者だったこともあり、自費出版と単行本製作の組み合わせは新鮮でしたし、何よりも金銭の出入りを確認しなければならず、通帳を持ってお金の出し入れも担いましたので、いい経験をしたと思います。

それに自費出版を始めてから三年ぐらいして、さらに頑張らないと駄目になってしまうと考え、単行本部門も独立させた。

46　グリーンショップ設立

――北村さんはすごくフットワークがいい感じがしますが、それは何か理由があるのですか。

北村　それは一九九五年にグリーンショップという傍系の物販会社を立ち上げたことに起因しています。その出発点は工作記事でした。

ちょっと大き目の工作で、材料の板を切ることからはじめるのは、素人にはちょっと難しい工作がありました。それを飛驒高山の飛驒産業という家具屋さんに部材を作ってもらい、それをキットとして販売したのです。

そこから始めて、色んなものを売るようになった。ちょっと高いものも多いけれど、あれはそれでも暮しの手帖社の経営のアシストになっているんじゃないかな。

工作記事に関わった時、部材が大きいと実際に作ることがいかに大変なのかを実感した。それでキットにして売ることを思いついたわけです。でも暮しの手帖社では、商品テストとの兼合いで、ものを売るのは、誤解を招きかねないので、別会社として物販のグリーンショップを立ち上げた。

―― なるほど、いずれにしても、『暮しの手帖』本体から派生した自費出版と物販会社で、これらも一種の運動体のカテゴリーに組み入れられる。

河津 まさにそうです。『暮しの手帖』の読者で本を出したいという人たちが多くいて、雑誌ブランドが生き、信頼されていた。だからカラーとモノクロでは自費出版費用が違いましたが、ある程度の編集費はとることができた。『暮しの手帖』の出版社から自著を出すということがブランドになっていた。それで少なくとも月一～二冊は出していたんじゃないかな。

北村 私が退社する頃まではそのくらいのペースでしたね。

河津 これは暮しの手帖社特有なことなのかどうかわかりませんけれど、自分の生きた証を本として残したいという人はまだ多かった。自費出版ブームは一時より冷めたといわれていますが。もちろん売れることはありえないので、ちょっと矛盾していますけど。

―― でもそうした自費出版も風前の灯のような気がします。後十年したら、活字本ではなく、ビデオや写真を組み合わせた映像として、個人の記録も残されていくんじゃないでしょうか。近年の結婚式などはそうした傾向になっていますから。

ただ物販会社のほうはまだ可能性があるし、私はグリーンショップのことを聞いて、『通販生活』とカタログハウスのことを思い浮かべました。

47 『通販生活』とカタログハウス

北村 あそこは確かにルームランナーなどがヒットし、それから『通販生活』を創刊したように思いましたが。ルームランナーの宣伝に野坂昭如が出ていたように、『通販生活』でも有名人を出して、「私も使っています」というアイテムで商品を売っている。宣伝の仕方がうまいし、それでいて、定価は一八〇円だし、しかもは花森的なオピニオンも発信していますからね。

―― 私は『通販生活』で紹介されていた座椅子を使っていますが、なかなかいいですよ。それまでいい座椅子がなくて探していた。百点満点というわけにはいかないけれど、これまで使っていた座椅子よりは圧倒的にいい。

北村 それで思い出しましたが、グリーンショップを立ち上げた際に、『暮しの手帖』で所謂性能を売ることを試み、包丁の研究をした。それから大阪リーガロイヤルホテルの協力を得て、牛刀と和包丁の中間のような包丁を日本橋の「木屋」に製作を依頼し、グリーンショップでKR包丁として売り出した。

そうしたらものすごく売れて、生産が間に合わないほどで、編集部みんなで包丁の箱詰めをやったこともあった。

――経営に寄与しましたね。

北村 経営的にものすごく助かったと思います。『暮しの手帖』が選んだものだから間違いないという信用がものをいったのでしょうね。

商品テストにしても、良し悪しを性能で判断できた時代は非常に楽だったんですけど、次第にそれが難しくなった。ファジーなどと機械が判断するものが増えてきたことによっています。その隙間を『通販生活』のカタログハウスはうまく狙っている気がします。

『通販生活』はいってみれば、有名人が目の前で商品テストを行い、売っているようなコンセプトで成立している。だから『暮しの手帖』が撒いた種が様々に育ち、色んな花を咲かせるに至った。

――そうだと思いますよ。『クロワッサン』や『サライ』だって『暮しの手帖』が提出した生活のさらなるエンターテインメント化と見なすこともできますし、それぞれ細分化し、セグメント化され、進化していった。

48　商品テストの難しさと問題

北村　それともう一方で、従来と異なる商品テストの難しさと問題が出てきた。かつてテレビの困った番組を募集したら、ものすごく反響があり、報道番組部門での筆頭はＮＨＫのニュースで、読者から見て報道がとても偏っているということだった。でもこの領域に入っていけば、『暮しの手帖』のコンセプトから逸脱してしまうし、難しい。そういう壁にぶつかったことも事実です。でもグリーンショップに関しては現在でも暮しの手帖社の経営に貢献しているはずですから、それはよかったと思いますが。

――でも思うんですけど、通販にしてもカリスマが必要なのかもしれない。ジャパネットたかたの創業者が過去最高益を出すという目標を達成する見通しが立ったことで引退しましたが、顧客には彼のファンが多くいて、やはりカリスマだったんでしょうね。

北村　他と比べて、あそこが決して安いわけではないのに売れていたのは不思議でしたが、そう考えれば納得がいく。

――そのアナロジーで考えれば、カタログハウスの創業者の斎藤駿という人もカリスマだし、しかも花森の精神を一番受け継いでいるのではないかとも考えられる。カタログハウスの発想の転換などもそのカリスマ性のゆえかもしれない。

北村 花森も一大カリスマだった。

森下さんから聞いたのですが、知り合いにカタログハウスの若手社員がいて、どうして暮しの手帖社はもっと物販をやらないのかと不思議がっていたようですが、その物販の発想は花森にないものでした。でもあなたがさっきいわれたように、花森が撒いた種が散って、様々に開花したといえるかもしれない。

――そうだと思いますよ。例えば、『暮しの手帖』でできなかった車の商品テストも出てくるようになる。それは雑誌ではなく書籍としてですが、一九七七年の徳大寺有恒の『間違いだらけのクルマ選び』（草思社）で、その年のベストセラー一位になった。

それから三一書房の竹村一社長が手がけた日本消費者連盟編著の『あぶない化粧品』なども続々出されてくる。これらは「出版人に聞く」シリーズ16の井家上隆幸さんの『三一書房の時代』でも言及されています。

河津 これらの出版は一九七〇年代のことで、花森は直接いわなかったけれど、我々の商品テストが影響していると感じていたと思います。

それと『暮しの手帖』の読者は公務員の五十代の奥さんが多かったので、日本消費者連盟や生協などの近傍にいた。だから三一新書の一連の本も売れたんでしょうね。

――私の知っている読者も高校教師の奥さんで、やはり生協に関わっていた。

北村 全国的に教師などの公務員、あるいは三公社五現業などの準公務員、それぞれの家族を中心とする知的中間層が高度成長期を通じて形成され、それが『暮しの手帖』の読者層のコアとなっていたことは間違いないですね。

――ところで生協のことですが、販路として検討されたことはないのですか。

北村 もちろんその候補に挙がったのですが、結局は実現しなかった。正確なことはつかんでいないけれど、やはり掛け率の問題もあって、契約まで至らなかったのだと思います。

企業が一定の冊数を買い上げてくれたことはありました。それは唯一にして一時期でしたが。それはダスキンの前身のケントクという会社で、『暮しの手帖』の商品テストで取り上げた床のワックスで一番良いと評価したことによっている。鈴木清一会長の計らいで、ダスキンの商品とともに『暮しの手帖』も一緒に売ってくれたらしい。

それからコンビニに配本してもらったこともありますけど、これはまったく駄目で、当時のコンビニの年令層と『暮しの手帖』のミスマッチでした。

49　直販部数一万部の落ちこみ

河津　結局のところ、取次、書店ルート以外の大きい販路は、読者の定期講読や人へのプレゼントに尽きました。一番多い時は一万部を超え、これは銀座の本社のほうから送っていた。その日は全員が銀座に集合し、袋詰めしてテープを貼っていた。同様に筆者や取材でお世話になった人たちへの献本もそこでやっていました。

――直販で一万部ですと大きいですね。一年分（六号分）が先払いされるわけですから、六万部の定価売上が計上できるし、まして返品はない。また当時は書店との関係もあり、割引もなければ、送料無料でもないですから。でも逆にこの直販部数が落ちていくと、大変なことになる。

北村　売れている間はそういうことをまったく気にしませんでしたが、本当に直販部数が落ちていったのは深刻でした。
これは自戒の言葉ですけど、我々も含めて成功した時代を生きた人に没落していく時代を引き受けさせるのはとても難しいことです。

――それに『暮しの手帖』のようなコンセプトの雑誌だと、リニューアルも難しいし、変にリニューアルすれば、さらに落ちることも予測されるので、なかなか実行に移せない。といって、暮しの手帖社として新雑誌を創刊することも難しい。せいぜい外部から新編集長を招き、それを売りにすることしかない。

でもそれは大手も含めて出版社を等しく襲っている問題でもあり、出版物売上が半減しているわけですし、上り調子しか知らない経営者に巻き返しはできない。別の発想と能力が必要ですから。ちょうど北村さんが自費出版や物販のグリーンショップを手がけたように。
その一方では『暮しの手帖』の別バージョンのような雑誌も立ち上がっていて、泰文館の『住む』とか、マガジン・ハウスの『ku:nel』、あるいは『いきいき』とかも創刊されていく。近年では『つるとはな』も出されている。これらも先ほどいいました『暮しの手帖』のセグメント化だといっていいでしょう。

河津　ただ我々の側からすれば、『暮しの手帖』のように一世を風靡した雑誌の場合、リニューアルは容易ではないし、花森の衣鉢の継承を否定することになってしまう危惧もあったわけです。

新雑誌の創刊にしても同様で、暮しの手帖社としては踏み切れないし、そのような人材もいなかったでしょう。

そのような機会がもしあったとすれば、花森の死後、私と同期の宮岸毅が二代目編集長になった時でしたが、彼は大橋家との関係もよく、適任ではあったけれど、残念なことに体が弱く、激務後継者にむいていなかった。

そんなこともあって、時代の変化にもかかわらず、花森なき後の時代の節目に、『暮しの手帖』や暮しの手帖社にもそれなりの改革が必要だったのでしょうが、踏み切れずにきてしまったというのが実情だと思います。

50　消費者像の変化

――時代の変化といえば、花森の旧制松江高校の後輩である藤田田が一九七一年に日本マクドナルドを創業し、八二年には外食産業売上高でトップを占めるようになっている。彼は『ユダヤの商法』（KKベストセラーズ）などで、露悪的発言をしているけれど、すごく日本的なファミリー的経営をしていて、それが成功した理由だった。藤田が亡くなった後、アメリカ本社が出てきて、日本マクドナルドが駄目になってしまったのは周知のとおりです。

北村　日本でマクドナルドを立ち上げる際に、パンの厚みと柔らかさを検討したそうですね。『暮しの手帖』の商品テストじゃないけれど、食べ比べをして、パンの品質を決めたという話を聞きました。

――　そこにも花森の影響を感じることができるのですが、藤田が対象としたのは花森のいうところの消費者とは異なっているのではないかとも思うのです。

それに加えて、東大時代に藤田は西武百貨店の堤清二、読売新聞社の渡辺恒雄、ペガサスクラブの渥美俊一などの日共細胞の近傍にいたはずで、私の持論としては戦後の消費社会のベースは東大の日共細胞たちによって造型されたことになる。それはそれで、彼らのビジネス思想や生活思想でもあったし、そこから郊外消費社会も誕生していく。

その初期のコアとなるのが、マクドナルドを始めとするファストフード、ファミリーレストラン、コンビニエンスストアなどで、そこから孤独な群衆のような消費者が膨大に発生していく。そうなると、これらの郊外消費社会が生み出した消費者というものは、花森の想定していた消費者とは異なるものではないか、そのような問いが浮かんでくるわけです。本来ならば、これらをめぐる商品テストを試みなければならないのに、その前に花森は亡くなってしまったことになり、それがとても残念に思えます。

北村 確かに花森の生活思想には美学があり、「食」であれば、美味しいものが好きで、一流ホテルや料亭の料理を範とし、そのレシピに基づき、それなりの家庭の「おかず」もつくり、食べることに重きを置いていた。

その延長線上に『一皿の料理』や『おそうざいふう外国料理』も刊行されたわけですから。

―― その花森の生活思想を受け継いだのは、コミックの雁屋哲原作、花咲アキラ画『美味しんぼ』（小学館）だと思っていますし、テレビの『料理の鉄人』も、それらに由来しているとすれば、『暮しの手帖』の「食」の部分のコミック化、テレビ化と考えられるかもしれない。

北村 それは面白いですね。

51　花森の生活思想と現在の問題

北村　ファストフード、ファミレス、コンビニなどの「食」に対して、花森が生きていて八〇年代にそれらの商品テストを試みたら、どのような意見が生じたか、とても興味深いことですが、それが実現しなかったことは本当に残念です。

ただ花森は一流ホテルや料亭の料理、専門店の料理を評価する一方で、インスタントラーメンを高く評価していましたから、予測できない意外な意見が出されたかもしれません。

河津　でも「食」はともかく、「衣」の分野はどうかなと思いますけど。花森はかなりおしゃれで、白いジャンパーにしてもマグレガーしか着なかったし、配色にも気を使い、水玉のスカーフなどをあしらったりしてもいた。

要するにブランド主義者だったので、郊外消費社会で売られている所謂ファストファッションは評価しなかったんじゃないかしら。ジーンズなどにしても、花森が望んでいたようにはなっていないように見受けられますし。

——やはり一九八〇年代から「食」にしても「衣」にしても、そのコンセプトと受容がドラスチックに変わってしまったことは事実ですし、時代の変化の早さを実感しています。

私はほとんど日常の買物を生鮮食品スーパーでしているのですが、それ以外にも地域には総合スーパー、ドラッグストアがあり、最近ではドン・キホーテも開店した。どう考えても、人口に比べ、それらがオーバーフロアになっていることは間違いないはずなので、どのように住み分けているのかが気になり、またこのインタビューのこともあり、それらにも出かけ、客層や商品構成も意識的に見てみた。

そうすると、ドラッグストアやドン・キホーテもスーパーも顔負けなくらい色々な商品があり、若い人たちが肉や野菜なども含め、買物をしている。といって客層は若い人たちばかりでなく、我々のような六十代の人たちもいて、食料品や日常品を買っている。

北村　うちの近所でもそうです。大型のドラッグストアがあって、生鮮食品も売っているし、またコロッケなどの惣菜も売っている。

——それにインスタント食品の種類が多く、中華料理などの料理の素などが、食品スーパーよりも圧倒的に多いし、お菓子類も同様です。だからインスタントカレーなどは選ぶのに迷ってしまうし、中華料理にしても調味料を揃えなくてもいいということになる。

だから我々のようにスーパーを利用した世代と客層も異なっていて、今ではそれらの買物をコンビニですませる人たちも出てきているようです。

一九八〇年代に郊外消費社会が隆盛になってからの生活の変化にふれましたが、今世紀に入って、それがさらに加速した気配がある。かつてとは暮しの内容、衣食住がとんでもなく変わってしまった。それなのに現在の『暮しの手帖』はその現実に対応せず、かなりかけ離れているようなイメージを抱かざるをえない。

52 『暮しの手帖』と現在の生活思想

河津 それが現在の生活思想の問題であるにもかかわらず、『暮しの手帖』はその変化を反映させていませんからね。むしろ反映させないことがいいことだという感じもなきにしもあらずです。

―― それに比べてリニューアル以前の『ku:nel』は現在の暮しのコーディネーター

の目線が入っている。だからフィクションであるにしても、読者はその世界を楽しむことができる。しかし『暮しの手帖』のほうが編集者がわかっていないように思われます。

さらに付け加えれば、編集の分野だけでなく、衣食住の分野からも職人、もしくは専門家がいなくなってしまった。郊外消費社会のセオリーとは職人＝専門家ではなく、システムとマニュアルに基づき、パートやアルバイトで営まれ、稼動することですので、それが全領域に及んでしまった。

花森の商品テストは消費者のためというよりも、職人＝専門家の技術を試すという側面もありましたが、現在ではある分野によって生産や製作もブラックボックス化してしまったともいえる。

北村　花森の工作記事企画で、ライティングデスクの十分の一の模型を作り、編集会議に持ってきたことがあります。その担当になり実際に作り、掲載しました。

出来上ったライティングデスク二台はずっとスタジオに置いてあったんですけど、研究室を越す時に、二台とももらい、一台は自宅、もう一台は山荘に持っていって、今でも使っています。今ではそんな工作記事はもはやできません。

河津　それで思い出しましたが、うちの近所の工務店の親父が、もう大工はいなくなったとぼやいていましたね。

――それは私も宮大工の人から聞いていますが、大工＝大九ではなく、大八、大七、大六とどんどん落ちる一方だとのことです。

まあそれが現在の高度資本主義消費社会の現実で、そのように社会というバックヤードが激しい変化に見舞われている中にあって、衣食住と生活思想に基づく雑誌を維持刊行していくことは本当に困難になるばかりでしょうし、始まりがあれば、終わりもあるということなんでしょうね。

さて河津さんと北村さんから、花森と『暮しの手帖』のことを様々にうかがってきたのですが、そろそろ時間も少なくなってきましたし、これからは花森の『暮しの手帖』に至る個人史を中心にしてお聞きしたいと思います。

第Ⅵ部

53　花森の個人史

河津　ただ花森はあんなにおしゃべりな人なのに、戦前の体験を具体的に話したり、大政翼賛会に関してもほとんどふれませんでした。色々と書かれたり、言及されていましたので、我々は知ってもいましたが、本人の口からは聞いたことがない。

――戦時中の出版界は解明されていないことが多く、それに寄り添っていた大政翼賛会、『日本読書新聞』の母体だった日本出版文化協会のことも詳細はわかっていない。

それと山本夏彦が『最後の波の音』（文芸春秋）所収の「『暮しの手帖』五十年」と「たったひとりの人花森安治」の中で、簡略に『暮しの手帖』と花森を俯瞰し、次のように述べています。

前者では「花森が過去に触れなかったことにはもっとほかの何かがある。人には他人に絶対言えないことがあるのだ」と。また後者では「花森安治は後継者を育てなかった。育てる気もなかった。膝下にくるものもあったが去るものもあった。弟子は永遠に不肖である。暮しの手帖はついに花森の個人雑誌だった。花森のはかり知れない絶望が察しられる」と。それから花森は「昔の職人の最後の人」といわれたとも書いています。まあ、例によって山本ならではの断定的物言いですので、割り引いて読むべきでしょうが。

河津 身近にいた者からすると、このニュアンスはわかりますけど、ちょっと違いますね。「育てる気もなかった」はオーバーで、あんなに怒って育てようとしたのに、追いついてくる者がなかった、というのが実態です。

北村 私も同感です。

――花森の戦前史については、『花森安治』(『暮しの手帖』保存版Ⅲ)、これも前出の酒井寛『花森安治の仕事』や津野海太郎『花森安治伝』で、ひと通りたどることができます。そこでまず簡略な花森年譜を提示しておきます。

一九一一年/神戸市に生まれる。六人きょうだいの長男。父は貿易商、母は小学校教師。

一九三〇年/旧制松江高校入学。母死去。(十九歳)

一九三三年/東京帝大文学部美学美術史学科入学。『帝国大学新聞』編集部に入る。田宮虎彦、扇谷正造、杉浦明平などがいた。(二十二歳)

一九三五年／画家の佐野繁次郎と出会い、その関係から伊東胡蝶園（のちパピリオ）で働くことになる。松江の呉服店の娘山内ももよと結婚。（二十四歳）
一九三七年／東京帝大卒業。卒論は「社会学的美学の立場から見た衣粧」。長女藍生誕生。
徴兵検査に甲種合格。召集を受け、中国東北部（旧満州）へ赴く。だが結核となり、帰国し、陸軍病院で療養生活。（二十六歳）
一九四〇年／除隊。伊東胡蝶園に復職。（二十九歳）
一九四一年／大政翼賛会宣伝部に入る。（三十歳）
一九四四年／大政翼賛会文化部員部副部長。（三十三歳）
一九四五年／大政翼賛会解散。敗戦後、田所太郎が編集長の『日本読書新聞』に身を寄せ、大橋鎭子に出会う。（三十四歳）
一九四六年／大橋を社長とする衣裳研究所を設立。『スタイルブック』1号発行。（三十五歳）
一九四八年／暮しの手帖社に社名変更、『美しい暮しの手帖』創刊号発行。（三十七歳）

これが『暮しの手帖』に至る花森の年譜ということになります。

花森は十九歳の時に平塚らいてうやベーベルの『婦人論』などの婦人問題関係を読み、その翌年に母親を失ったこともあって、今でいうところのフェミニズムに目覚めたとされていますが、そこら辺はどうだったんでしょうか。

彼はらいてうの思想を受け継いでいるようなこともいってますが、書いたものを読んでも、彼のフェミニズムはよくわからない。単なるレトリックなのかどうか、そこが気になっています。

北村　花森は男尊的権力主義者ではなかったけれど、フェミニズムについては何といっていいのか、なかなか難しい。母親を思うあまり道楽者の父親を恨む気持ちはあったかもしれませんが、よくわからないというのが正直なところです。男の場合、母親との関係が深いから、それに起因しているのかもしれないし。

54　花森と淀川長治

――それとは別に、花森の若い頃の文化的背景として、映画とミステリーによるモダニズムの影響にふれましたが、大正時代には『キネマ旬報』や『新青年』も創刊されていますし、何よりも映画に関しては中学の一年後輩に淀川長治がいた。

北村　本当に映画は好きでしたね。映画を見てきては会社で色々と話すわけです。あのシーンがよかったとか、あれは一枚の写真に使えるな、などと。

――淀川長治と東京でも親しかったと思いますが。

河津　入社したばかりの頃、花森が新人三人を資生堂パーラーに連れていってくれた。そうしたら淀川さんがいて、花森と映画の話を始めた。「やあ、花森さん。ちょっと聞いて」といって話し出したのですけど、実際の映画より淀川さんの話のほうが面白いのではないかと思わせるほどでした。それで「これをぜひ見て下さいね、さよなら」といって帰っていくわけです。

――それはいいですね。私も同席したかった。私はこの「出版人に聞く」シリーズを淀川長治か樋口清之みたいな語り口でやれたらいいなと思って始めたんですが、とても力量不足で、少しばかりの部分でしか実現できていない。

河津　暮しの手帖社でももっと映画の本を出したらいいと思っていましたが、そう呼べるのは古谷綱正の『私だけの映画史』ぐらいですね。原作本としては『アラバマ物語』、女優の沢村貞子の『私の浅草』などはありますが。

55　装釘家としての花森

――ミステリーのほうに関して、花森は東京創元社と早川書房の海外翻訳シリーズ、創元推理文庫とポケット・ミステリーのファンで、大半を読んでいたと思います。これは前に一冊だけふれましたが、花森の手がけた装釘は東京創元社のものが最も多いのではないでしょうか。それはシリーズ物を引き受けていることもありますけれど、『世界推理小説全集』全八十巻、『現代推理小説全集』全十五巻、『クライム・クラブ』全二十九巻と、これらだけで百三十冊近くになる。

河津　それらの刊行はいつですか。

――一九五六年から六〇年代にかけてです。

河津　ということは私の入社が五七年だから、

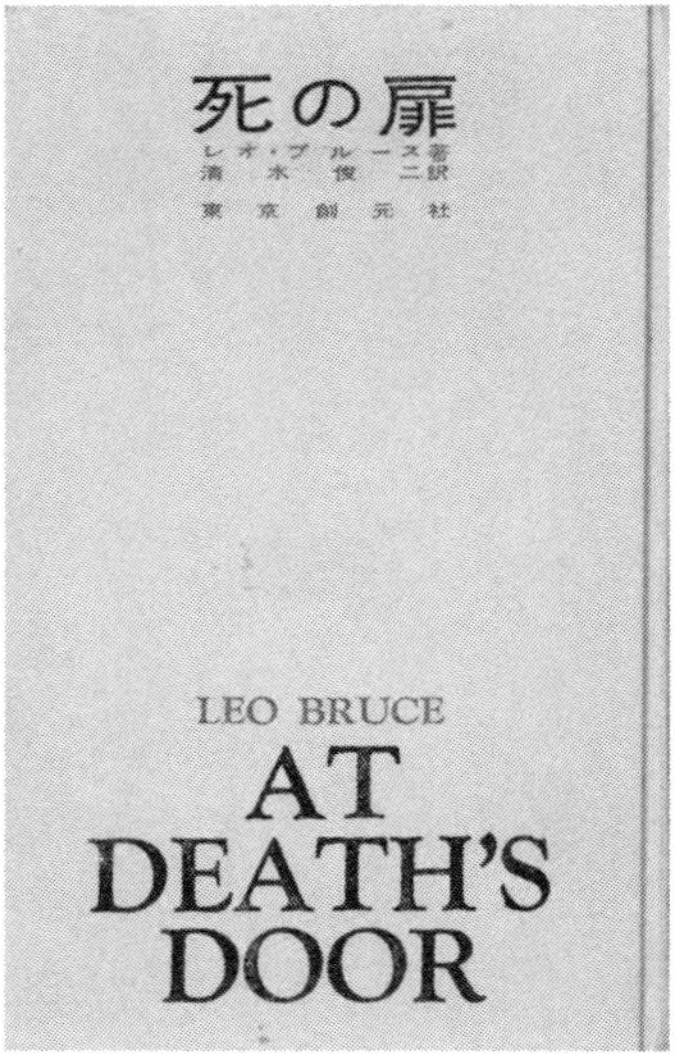

その前後が装釘家としての花森の全盛だったことになりますね。でもこの時代は暮しの手帖社の出版物も装釘していますし、さらに他社も加えれば、二百点を超えてしまうかもしれない。そうだとすると、五〇年代後半にはほぼ毎週一冊の装釘をして、それに『暮しの手帖』の表紙なども加わるわけだから、装釘家としても驚くほどの仕事をしていたことになる。

当時私は新入社員だったこともありますが、そんなにまで他社の装釘の仕事をしていたとは考えてもいませんでした。

―― それはそうですよ。数からいっても、専門家顔負けなくらいの仕事をしているわけですから。

私も二〇一〇年に高橋良平＋東京創元社編集部編『東京創元社文庫解説総目録［資料編］』が出されたことで知りましたが、そこに江戸川乱歩、花森、戸板康二による「推理について」という『世界推理小説全集』月報所収の鼎談が収録されている。その中で花森の推理小説、探偵小説観も開陳され、それはそれで興味深いのですが、推理小説は持ちやすくポケットにも入るし、本棚にも並べておける判型が大事だといっている。そのために花森は小Ｂ６判丸背箱入とした。それに関して、乱歩は「花森さんのお手柄は大したものだ」とほめているし、戸板も同様です。

　また増補の発表の際の内容見本には「内容にマッチした花森安治氏の装幀は本全集に一段と光彩を加え、推理小説ファンに歓迎されています」との言も寄せられている。

　それに後に出た『エラリー・クイーン作品集』全十二巻、『ディクソン・カー全集』全十二巻なども、装釘者名が入っていないのですが、明らかに花森の装釘を踏襲していて、おそらく編集部が手がけたと思われます。ここにもミステリーの装釘における花森の影響を見出せますし、それは他社にも及んでいるはずです。

河津　花森がそれらの装釘を担当するに至っ

た経緯と事情はどういうものだったのですか。確か花森は一九五三年には大阪の創元社のほうから自らの装釘でエッセイ集『暮しの眼鏡』を出していましたから、その関係でしょうか。

――一九四八年に東京創元社は大阪の創元社から分離独立していましたので、それは直接つながっていないと思います。先の『同目録』にはその企画担当者「厚木淳インタビュー」における証言がありますから、それを引いてみます。

「あのころ、装幀家として花森さんは活躍されていたし、とにかくガラッと新機軸というか新風を吹きこむには装幀も大事だということで、ユニークな花森さんにお願いしたんで、それ以上の深い意味はありません」ということです。

河津　なるほど、身近にいても、そのような装釘も含めた花森の人脈の拡がりや仕事に関してはあまり気づいていなかったし、そうした広い五〇年代の出版人脈を通じて、『暮しの手帖』の六〇年代が用意されていたということになるのでしょうね。

56 花森と大政翼賛会

――その花森の出版人脈ですが、戦後よりも戦前のほうが重要だと思います。河津さんから初期の『暮しの手帖』は花森が戦前に編集に携わっていた生活社の「婦人の生活」シリーズの誌面や内容を継承しているとの指摘がなされています。これはとても重要な指摘だと考えられます。

河津 先の年譜などに見られるように、花森の大政翼賛会時代の一九四一年から四五年にかけてのことははっきりしていないし、本人も語っていない。ただ大政翼賛会時代のことは『花森安治』に収録された杉森久英の「花森安治における青春と戦争（抄）」で描かれている。

それによれば、花森は佐野繁次郎に私淑して、化粧品会社のパピリオに入社し、広告図案を描いていたが、大政翼賛会が発足すると、その宣伝部に宣伝技術者としての才能を買われ、採用された。その宣伝部の活動は、映画・演劇の利用、講習会の開催、出版などによる宣伝の三つに分かれていた。その他にも時局講演を企画し、講師を派遣したり、パン

フレットを発行して一般へと配布したり、ポスターを作ったりするのも、宣伝部の仕事だったといいます。

それらの中で、花森は宣伝の職人に徹し、ポスターの製作やその標語のコピーライテングに励んだとされるが、はっきりしたことはわかりません。唯一判明しているのは映画・演劇利用の延長と見なしていい、宝塚歌劇の「明るい町強い町」の脚本を書いたことで、これは『花森安治』に抄録されています。

――それとは別に杉森は『大政翼賛会前後』（文芸春秋）も著していますので、この著作と百瀬孝『事典昭和戦前期の日本制度と実態』（吉川弘文館）などを参照し、大政翼賛会のアウトラインを提出しておきます。

大政翼賛会は近衛文麿の一高時代の級友後藤隆之助の着想から始まった。後藤は近衛を首相の座に据えることを念願とし、国家百年の計を立てる目的で、昭和八年に国策研究機関としての昭和研究会を設立した。それが母体となり、七年後に近衛新体制運動の結果として大政翼賛会が発足し、皇居前の華麗なビルディング東京会館にその大きな看板が掲げられた。

杉森は中央公論社の編集者だったが、「大政翼賛会という、一見もっともらしいが、どこかウサン臭く、インチキ臭くもないでもないところに身を寄せること」になった。それは昭和十七年で、その頃は霞ヶ関の旧国会議事堂跡に移り、東条英機総裁、後藤文夫副総裁の下に五局があり、杉森はそのうちの興亜局企画部に入った。最初は民間の運動として大政翼賛会も始まっていたが、陸海軍や内務省からも加わり、完全な寄り合い世帯となっていた。

しかし改革で興亜局が合併されることになり、杉森は文化部に移る。文化部は岸田国士が部長の地位にあり、岸田の弟子筋の演劇、劇団関係者で占められていた。そこで杉森は青少年読書運動に取り組むことになる。その後、機構改革もあり、文化厚生部でそれを続けるが、宣伝部とのトラブルが生じ、そこに宣伝部副部長としての花森が出てきます。杉森は自分が平部員なのに、大学で自分より一年下だった花森がどうして副部長なのか自問し、それが創立以来の職員だったことによるのではないかと思い至ります。

ちょっと長くなってしまい、恐縮ですが、戦前の花森の最も重要な大政翼賛会のことですから、このくらいは説明の必要があると思いまして。それから職員数は三三九人、改革後は二〇四人とされています。

河津　いや、よくわかりました。大政翼賛会自体が官民の寄り合い世帯で、多くの局や部に分かれ、活動も多岐で、そこに演劇や出版関係者も多くいて、その中の一人が花森だったということ、宝塚との関係もそれに起因しているのかもしれませんね。

57　花森と生活社

――それらに加えて、さらに重要なのは大政翼賛会と出版社の関係で、実は生活社の「婦人の生活」シリーズは大政翼賛会の出版助成金付きで、花森が企画編集したと見ていいのではないか。

河津　ということは『花森安治』の中に書影が出されている「婦人の生活」シリーズの生活社の『くらしの工夫』や『すまひとくふう』（いずれも一九四二年）がそれに当たるのですか。

――私も実物を見ていないので、断定はできないのですが、そう考えて間違いないと思う。しかしこの生活社と発行者の鐵村大二のことがはっきりつかめていないのです。鐵村は広島県出身で早大独文科卒、雑誌編集者を経て、一九三七年に生活社を創業しているこ とまではわかるのですが、出版人物事典などにも立項されていない。それは生活社も同じですが、唯一のまとまった言及に河内紀の「鐵村大二と『生活社』」(『彷書月刊』2002年3月号所収)があります。また私もブログ「古本夜話」131で、「生活社、鐵村大二、小島輝正」を書いています。

私が生活社に注視したのは、『くらしの工夫』などと並んで、四三年にフレイザーの永橋卓介訳『金枝篇』が出されていること、柳田国男の戦時中の「炭焼日記」によく名前が出てくることによっています。その他にシリーズとして、「ギリシャ・ラテン叢書」「東亜研究叢書」「中国文学叢書」「蒙古研究叢書」などと多岐に及び、また雑誌『中国文学』『東亜問題』も発行しています。

それから特筆すべきは横光利一との関係で、『くらしの工夫』や『すまひといふく』にも短編を寄せ、四三年には単行本『刺羽集』を生活社から出している。これは佐野繁次郎の装釘です。だから生活社と花森の関係は佐野を通じてのものかもしれない。

河津 この二冊には花森が安並半太郎のペンネームで、「きもの読本」を書いているし、

佐野繁次郎が横光の著書の装釘家として知られていることからすれば、ここに大政翼賛会、花森、横光、佐野、生活社がそのままつながって示されることになるのですね。

―― そうです。それからこれも未確認なのですが、生活社が大東亜共栄圏や満州問題や大政翼賛会との関係ゆえか、戦犯出版社リストに挙げられていたという話もあります。そうした戦後の始まりの中で、横光や鐵村は敗戦を象徴するように亡くなり、生活社もつぶれてしまったらしい。

このような関係の構図の中に置くと、これまで花森は大政翼賛会のことだけが色々といわれてきましたが、それらに象徴される何らかのトラウマがあったのではないかという推測もできます。これはあくまで推測にすぎませんが、それでも色々の思いがこめられ、生活社や「婦人の生活」の「生活」が「暮し」へと転用され、『暮しの手帖』へと昇華されたのかもしれません。

河津　でもそのように考えてみると、花森の戦前についての深い沈黙の意味がわかるような気もします。

北村　それと山本夏彦がいった「花森が過去に触れなかったことにはもっとほかの何かがある」というのは、彼が戦前の出版社の裏側をよく知っていて、それらのことも仄聞していたことを意味しているのかもしれませんね。

58　平凡出版の岩堀喜之助と清水達夫

河津　私は花森が平凡出版の岩堀喜之助さんや清水達夫さんととても親しかったのを見ていて、どこでつながっているのか不思議に思っていたんですが、後でそれが大政翼賛会で知り合っていたとわかった。でもそれはあくまで大政翼賛会をめぐるエピソードのひとつだったのですね。

――例えば、それらのエピソードは清水達夫の『二人で一人の物語　マガジンハウスの雑誌づくり』(出版ニュース社)にも語られていますし、岩堀喜之助も杉森の「花森安治における青春と戦争」でも証言している。しかしそれらは悪くいえば、大政翼賛会の顕教

の部分で、密教の部分はこれまで語られてこなかったのではないかと思われます。またそれが花森たち固有の戦争体験で、それは私のような戦後世代には想像できないものなのかもしれません。

河津　それは我々も同様で、前に暮しの手帖社における花森との年齢差の問題にふれましたが、私ですらも二十歳差がありましたから、それによって逆に花森は『暮しの手帖』を新しい世代とともに生み出そうとしていたのかもしれない。

——もはやそれらのことは資料も証言もほとんど残されていないし、それこそ「戦争中の出版の記録」を復元することは不可能に近い。

これまで花森のことを色々とうかがってきたわけですが、花森と賀川豊彦の消費組合、柳田国男の民俗学、柳宗悦の民芸との関係なども考えてみたかった。それからカーライルの『衣装哲学』も同様です。これは一九〇九年に土井晩翠訳『鬼臭先生　衣裳哲学』（大日本図書）が出されていて、花森の「衣粧の美学的考察」のベースになっているのではないか、また九鬼周造の『いきの構造』にしても小林秀雄の『様々なる意匠』にしても、これがヒントになったのではないかと思っているのですが、いずれにしても、資料と力不足のために言及に至りませんでした。

59 花森松三郎とろまん文庫

河津 我々のほうでも調べられなかった花森さんの弟の松三郎のこともありますね。

北村 彼が津野海太郎の『花森安治伝』の中の家族写真に見えているのは知っていましたが、貸本屋をやっていたことはまったく聞かされていなかったので、少しだけでもふれてくれませんか。

―― それでは私がその事実を知った『東京古書組合五十年史』（戦後の貸本屋）の一節をそのまま引いてみます。

昭和二十三年、神戸市で発足したろまん文庫は、従来の貸本屋が保証金制度で行ってきたのを、身分証明書、学生証、米穀通帳などで本人の居住を確認さえできれば信用貸しをする新しい方法を採用し、大いに繁昌した。ろまん文庫の経営者は「暮しの手帖」の花森安治氏の弟、花森松三郎氏であった。

この方式は同じく神戸の宮本一三兄弟のネオ書房によって強力に推進され、ネオ書房は大阪にも出店し、大阪市内だけで八〇店、さらに横浜や東京にも進出し、昭和二十八年には東京の大田区にも開店するに至る。

このネオ書房はネオンや蛍光灯をつけて明るく、新刊用のウインドウも備え、保証金不要、新刊貸本専門の新しい感覚の古本屋として、昭和三十年に入ると全都内にも進出し、三〇店、三十一年には六〇店に及んだといいます。

当時ネオ書房は大阪に本社を置く資本金二五〇万円の株式会社で、直営は八店だが、他は今でいうフランチャイズシステムで、ネオ連合会として組織されていたといいます。

河津　これは本当に驚きなわけです。花森が『暮しの手帖』創刊号を出し、菊池寛賞受賞に至るかたわらで、このような貸本屋の動向があり、しかもその発祥が弟の松三郎にあったとはまったく知らされていなかった。

この事実を知ると、社員が『暮しの手帖』をかついで書店に直接持ちこみ、売ってもらい、それを花森が焼芋を用意して待っていたとか、あるいは初期の資金繰りなどの神話めいたエピソードも、ある程度は事実だったとしても、それ以外にも私たちに伝えられなかった様々なことが起きていたのではないかと察せられる。

――そうなんですよ。新しい出版社の場合、まず重要なのは資金、取次問題と正味、印刷と紙の手配、これらをクリアーしなければならない。まして戦後の始まりにあって出版業界は混沌としていました。一九四九年には国策取次の日配が閉鎖され、五〇年から五一年にかけては中小出版社の倒産、廃業が続出している。その中をくぐり抜けていくためにはやはり花森の大政翼賛会や弟の松三郎なども含んだ人脈も総動員されたと考えるべきでしょう。

その松三郎のろまん文庫、ネオ書房ラインが賀川豊彦の消費組合運動につながり、花森と『暮しの手帖』ともリンクしているのではないかというのが、私の推測なんですが。

河津　なるほど、それは面白いですねえ。花森の独裁下にいた我々には思いつかなかったことです。

北村　私もまったく同感です。やはりカリスマの下に長くいると、ついていくだけでも大変なので、別の考えを育てる余裕もなく、ここまできてしまいましたし、それに今でも花森の呪縛下から逃れていないのですから。

それから花森の世代が出現させた戦後の雑誌の時代という話もして頂けませんか。

60　花森の世代と戦後の雑誌の時代

——　確かにこれも提出しておかないと、花森と『暮しの手帖』の時代の意味も客観的に構図化できないでしょうから、最後に付け加えさせて頂きます。

花森や『暮しの手帖』のことを調べていて、彼をめぐる、あるいは同時代の編集者や雑誌を考えますと、共通する世代に属することに気づきました。前にもいいましたが、花森は一九一一年生まれで、扇谷正造や池島信平も同世代です。彼らを含めて、それらの生年と編集者名と雑誌をアトランダムに挙げてみます。

＊一九一三年／扇谷正造『週刊朝日』
＊一九〇九年／池島信平『文芸春秋』

＊一九一三年／中原淳一『ひまわり』『それいゆ』
＊一九一〇年／岩堀喜之助『平凡』『平凡パンチ』
＊一九一三年／清水達夫『平凡』『平凡パンチ』
＊一九一四年／青山虎之助『新生』
＊一九一四年／齋藤十一『新潮』『週刊新潮』
＊一九一五年／山本夏彦『室内』
＊一九一五年／今井田勲『ミセス』『装苑』
＊一九〇九年／淀川長治『映画之友』
＊一九一一年／田所太郎『図書新聞』

これらの人々は戦後の雑誌の時代を築いた主要な人物たちですが、いずれも花森と同世代で、彼らによって戦後の雑誌の共同体が創造されたともいえるでしょう。

河津　これまで意識してきませんでしたが、本当に花森と同世代なんですね。それに青山や齋藤との関係はわかりませんが、他の人たちは花森と親しかったり、近傍にいたり、彼の装釘で本を出したりして、全員がつながっている。それからその雑誌にしても、自ら創刊したものが多く、その点でも共通していますね。

―― 埴谷雄高も一九一〇年生まれで、『近代文学』を立ち上げていますが、左翼陣営ですので、ここでは外しました。

さらに詳細に調べれば、まだ多くの人々が挙げられるでしょうが、彼らは近代出版業界が成長し、講談社や実業之日本社などに始まる雑誌の時代に生をうけている。そして大正デモクラシーを背景として活発になった多種多様な出版物の中で育ち、昭和円本時代も体験している。ちなみに参考のために付け加えておけば、明治末期に書店は三千店だったが、雑誌や書籍の隆盛によって、昭和初期には一万店を数えるに至っています。

つまり彼らは明治世代と異なるかたちで、そうした雑誌や書籍の恩恵を十二分に享受し、味わうことができた初めての世代であり、それを可能にしたのは身近に出現した全国的な書店インフラでもあった。また映画やラジオという新しいメディアの出現、インターナショナルな情報の流入、モダニズムの流行などもパラレルに起きていたことになります。

北村 なるほど、それらが花森だけでなく、同世代の編集者の背景となるベースを築き、戦後の雑誌の時代を開花させることになったというわけですね。

61　会社のあり方

――それとそのように立場で、戦争を様々にくぐり抜けてきたことも大きく影響している。

そのことを実感するのは会社のあり方ですね。暮しの手帖社はほとんど就業規則もなく、九時出勤ということだけが暗黙の了解だったとされますが、そこには軍隊でも従来の会社でもない、所謂ひとつの共同体を試みるというイメージがあったのではないでしょうか。共同体は異なる意見を持つ他者を入れれば混乱する。それを広告と見なせば広告を拒否した理由もわかる。

前に花森の社会的散文詩に見る白樺派的イメージを指摘しましたが、それこそ「新しき村」を夢想したのかもしれない。

北村　花森が一貫して『暮しの手帖』は運動体だと言い続けてきたのはそれらのイメージを含んでいたことになるのかな。ただ我々は花森の率いる独裁型一国社会主義のような感じで、暮しの手帖社に勤めていたこともあって、そのように客観的に見ることができなかった。要するに花森の現在は見ていても、彼の戦前の個人史が見えていなかった。

河津　その会社のあり方といえば、岩堀さんたちの平凡出版はもっと自由で、タイムレコーダーもなく、清水さんの『二人で一人の物語　マガジンハウスの雑誌づくり』によれば、岩堀さんはこんないい会社は二度とつくれないというのが口癖だったようです。

――　でもその岩堀にしても、陸軍の中国宣撫班にいて、陸軍画報社の近傍にあり、元来は農本主義者だったと伝えられている。農本主義者であれば、生産による共同体をめざすのが当たり前で、それが平凡出版として体現されたのかもしれない。

それに加えて、花森にしても、岩堀や清水にしても、大政翼賛会で国家的規模のプロパガンダを目の当たりにしたり、自ら実践したことも大きく作用している。書籍というかたちでは出していないはずですが、小冊子やポスターを通じてなされたプロパガンダは雑誌に通じるもので、その小冊子に当たるのが百冊以上出されている生活社の「日本叢書」ではないかと見ています。

北村　そのように考えてみると、平凡出版にしても暮しの手帖社にしても、雑誌にずっとこだわり、雑誌が主で、あくまで書籍は従だったことも、そこに起因している。

――　私も出版物の利益構造からいって、雑誌が主体とされているのだとばかり思っていましたが、そこから始まっているのではないかとも考えるようになった。それに平凡出版が本格的に書籍出版を始めるのはマガジンハウスになってからで、それも岩堀の死後でした。

62　花森と齋藤十一

河津　それと『暮しの手帖』の対極にある『週刊新潮』の齋藤十一が花森と同世代であることも意外でした。『暮しの手帖』は花森の方針で、性と金は取り上げませんでしたが、齋藤と『週刊新潮』は俗物主義に徹し、金と女をメインとする記事の週刊誌でしたから対極に位置していた。それが理想的生活思想を掲げる花森と同世代の齋藤によって創刊されたというのも何か戦後の逆説のような気がしますが。

――　齋藤は『新潮』の編集長も務め、『芸術新潮』も創刊したヘゲモニー意識の強い不世出の編集者でしたから、カストリ雑誌から始まった戦後の雑誌の動向も詳細に見ていたはずで、その中には当然のことながら『暮しの手帖』や『平凡』も含まれていた。そして高度成長を前にして、これからは週刊誌の時代、それも新聞社系の週刊誌ではなく、金と女をテーマとする出版社系週刊誌を構想し、それが五六年の『週刊新潮』創刊へと結びついていったと思います。

河津　『週刊新潮』は私が暮しの手帖社に入社する前年に創刊されたので、それをよく覚えています。

——新潮社の「陰の天皇」と呼ばれた齋藤に関しては、これまた花森と異なるカリスマで、様々な伝説がありますが、重要なのは戦前にひとのみち教団という宗教を通過してきたことでしょう。大本教を始めとする新興宗教は雑誌や書籍をプロパガンダツールとして、広範な布教活動を営み、社会に対しても大きな影響を与えてきた。それを齋藤は熟知していたはずですし、宗教にしてもその根幹には金と女が絡んでいることを見抜いていた。

また齋藤は文学にも通じ、そこにも否応なく金と女がまとわりついていることも、よく承知していた。そこで初めての出版社系メディアの週刊誌を立ち上げるにあたって、宗教と文学のエキスを盛りこんだ金と女の事件をコアとすることで、扇谷、池島、花森の所謂良識派にも挑もうとしたんじゃないかと思います。

河津　面白いですねえ。だからそういった俗物主義に徹したことで、花森たちの雑誌の間隙を縫い、『週刊新潮』は成功したことになる。それは時代との距離が生じたことで、当時見えなかったことや認識できなかったことが、今になってようやく説き明かされていく感があります。そして逆な意味で、『暮しの手帖』が閉ざされたところのある雑誌だということも。

――でもそれもいうなれば、雑誌の多様性が開花した時代といえますし、現在と比較して、出版業界がこれから成長していくことを告げていたのでしょう。

それから『週刊新潮』の金と女のことで補足しておけば、そこで社会的に公認され、解禁となった。そしてそれらはいずれも花森たちより少し後の一九二〇年代生まれの台湾出身者によって、一九六〇年代から大衆化されたのではないかと思われます。金のほうは金儲けの神様と称された邱永漢が書いたマネービル著作群、女＝性のほうは謝国権『性生活の知恵』（池田書店）として拡販されていった。

だからこそ、金と性、家計簿の付録もなく、性生活の問題も扱わない『暮しの手帖』は逆に聖化され、百万雑誌へと昇りつめていったと見ることができます。

北村　出版業界において、金と女＝性のポピュラー化が日本の植民地だった台湾出身者によって担われたというのは本当に象徴的ですね。

――そう、植民地こそが金と女＝性の問題を最初に露出することからすれば、二人によって担われたのは偶然のようにも思われない。

河津　大方のインテリからは、軽蔑されていた邱永漢の実用的金銭哲学を花森さんは評価していたと思います。食後の雑談のなかでのことばを思いだします。「カンちがいしたらいかんよ。ほんとうの思想家とは、こういう人をいうんだよ」。関西の血が言わせているのかなあ、と思ったことを非常に印象深くおぼえています。

謝国権についての言及は記憶がありません。

―― 花森のフェミニズムにしても、下着の透けるブラウスに対する嫌悪といった時代遅れ的なピューリタニズムにしても、彼がクリスチャンでもあれば、わかるような気がするのですが、そうではないのでしょう。

河津　そうです。彼は日蓮宗ですから。

63　戦前の婦人雑誌の世界

――やっぱりね。それと色々調べても、花森がどうして生活社の「婦人の生活」のような世界へと接近し、戦後の衣裳研究所を設立し、『スタイルブック』から『暮しの手帖』へと至ったかというひとつの明確な回路がわからない。

戦前の婦人雑誌の世界とは大部数の売上を誇る分野で、大正時代には主婦之友社の『主婦之友』、実業之日本社の『婦人世界』、大日本雄弁会＝講談社の『婦人倶楽部』、同文館の『婦女界』などのマス婦人雑誌が席巻していた。それを象徴するのは『婦人世界』で、現在の雑誌委託制の始まりは実業之日本社が『婦人世界』にそれを持ちこんだことだとされています。

北村　そうだったんですか。それは知りませんでした。でも当時の婦人雑誌が出版業界でも相当な位置を占めていたとわかりますね。それが戦後の七〇年代までは継承され、『暮しの手帖』もその一角を占めてきたことも。

――　今になって考えれば、七〇年代までは婦人雑誌の新年号というと、どの書店でも高く平積みされ、それが年末の風景にもなっていましたが、そうした出版風物も終わってしまったといっていいでしょう。

このマス婦人雑誌の中心人物は主婦之友社の創業者の石川武美です。この石川はクリスチャンで、『主婦之友』によって、婦人雑誌の新しい分野を開拓し、創造し、確立したとされています。そして他の婦人雑誌の創刊者や編集長にしても、大半が石川や『主婦之友』関係者で占められている。先に挙げた花森の同世代の『装苑』『ミセス』の創刊者今井田勲も『主婦之友』の編集者だった。

このような例はいくらでもあり、それが婦人雑誌編集の現場の日常なのですが、花森の場合はその例に当てはまらない。河津さんや北村さんも、そこら辺の経緯と事情を聞いていないと思いますが。

北村　私もまったく知りませんし、聞いてもいません。

河津　私が知っているのは入社したての44号（レモンを並べた表紙）の「あとがき」で、折からの石川武美氏の菊池寛賞受賞に花森が書いた敬意あふれる祝詞です。

たとえば、料理の先生の原稿をもらってきて、それを小ぎれいにのせるというのでなく、それを一つ一つ編集者がつくってから、はじめて原稿にするというやり方、これなども、まっさきに私たちが教えられたことでした。とかくヌカミソ雑誌などと、軽ベツ気味に言われながら、そういう人を含めて、日本人全体の暮しを動かしてゆく、その仕事をずっと立派にやってこられた……

二人の直接の触れ合いはこれぐらいだったと思います。

64 『婦人画報』と東京社

―― そうでしょうね。そうすると、これも推測するしかないのですが、大政翼賛会時代における生活社の鐵村大二との出会いしか考えられない。一説によると、鐵村は東京社の『婦人画報』の記者、編集者だったともいわれている。

この東京社と『婦人画報』には前史がありますので、まずそれを述べておきます。一九〇二年に国木田独歩が矢野龍渓の近事画報社に招かれ、『近事画報』の編集に従事するが、廃刊となり、〇五年に『婦人画報』などを創刊に至る。同年に独歩は近事画報社の事業を継承し、独歩社を興したが、破産してしまった。

実はこの独歩社に関して、拙稿「出版者としての国木田独歩」（『古本探究Ⅱ』所収）を書いたところ、鷹見本雄を著者、発行者とする私家版『国木田独歩の遺志継いだ創業・編集者鷹見久太郎』が恵送されてきたのです。鷹見本雄は久太郎の孫で、同書は孫による祖父

の出版者、編集者史であり、親族ならではの思いのこもったビジュアル的にも見事な一冊で、鷹見久太郎＝思水（号）の出版史を十全に伝えています。

同書によれば、鷹見は独歩に最後まで寄り添った編集者で『婦人画報』などを独歩から受け継ぎ、一九〇七年に東京社を創業し、編集長として、三一年まで女性と子ども文化の金字塔とされる『婦人画報』『少女画報』『コドモノクニ』を刊行し、独歩の果たせなかったことを実現させたと。

その鷹見の東京社の後日譚ですが、一九三一年に経営破綻し、それを興文社出身の柳沼沢介が再建し、三三年に『スタイルブック』を創刊し、服飾誌に進出する。そして戦中戦後を乗り切り、六三年に婦人画報社となり、本吉信雄が社長に就任するが、近年は外資に買収され、アシェット婦人画報社と社名が変わっています。

鐡村は柳沼と同じ興文社にいたとも伝えられ、その関係から東京社に勤務し、一九三七年に生活社を創業しているので、『婦人画報』のみならず、『スイタルブック』の編集にも携わっていたと思われます。それとこれは『佐野繁次郎装幀集成』（みずのわ出版、二〇〇八年）で知ったのですが、佐野は『婦人画報』の表紙を描いてもいます。

もう、おわかりですね。

河津　生活社の「婦人の生活」の原型は『婦人画報』にあり、戦後の『スタイルブック』も東京社の『スイタルブック』を範としているわけですね。

北村　大政翼賛会時代に花森は『婦人画報』や『スタイルブック』の編集ノウハウを鐵村から伝授され、大政翼賛会の出版助成金を受け、「婦人の生活」を企画編集した。あるいは花森の母親が『婦人画報』を読んでいたことにも起因しているかもしれない。それは戦後の『スイタルブック』まで踏襲された。

まるで出版ミステリーみたいだ。

――それだけでなく、生活社は満鉄からも資金を得ていた。また花森や鐵村が範としたの

は鷹見時代の『婦人画報』に加え、『少女画報』や『コドモノクニ』も同様で、そのことによって、花森と『暮しの手帖』とのアナロジーが語られなかったことになるのでしょう。『少女画報』や『コドモノクニ』に関しても、花森は少年時代に読んでいたことも考えられる。

それともうひとつ、『スタイルブック』を創刊した柳沼は円本時代に武俠社から『近代犯罪科学全集』と『性科学全集』を刊行している。これらは当時のエロ・グロ・ナンセンス時代を表象し、当然のことながら柳沼はそれを象徴する人物だったのです。だから柳沼との関係もオープンにできなかったのではないでしょうか。

なお柳沼と出版については拙ブログ「古本夜話」30、31の「柳沼沢介と武俠社」、「『近代犯罪科学全集』と『性科学全集』」を参照頂ければ幸いです。

私は一九七七、八年の『暮しの手帖』しか見ていませんが、それでも先の『鷹見久太郎』に収録された三誌の書影や内容のカラー紹介を見ますと、『暮しの手帖』の起源をたどることができるように思われます。どこかで『スタイルブック』も見れるといいのですが。

何かインタビュアーの私のほうが最後になって仮説と推測を重ね、お二人の混乱を招く結果になってしまったのではないかと危惧しておりますが、どうかご海容下さい。それでは長い間有難うございました。これで閉じさせて頂きます。

あとがき　1／北村正之

森下紀夫氏から『出版人に聞く』シリーズに、花森安治と暮しの手帖社を取り上げたいので協力してほしい、とお話があったのは、二〇一五（平成二七）年末のことであった。とにかく、一九六九（昭和四四）年に入社した身であり、花森さんから直接薫陶を受けたのは、ちょうど、暮しの手帖Ⅱ世紀1号からである。それ以前のことは、実感としてまったく分からない。

そこで、暮しの手帖社初めての公募で入社した先輩・河津一哉さんに、私の入社以前の暮しの手帖と花森について教えていただきたい、ということで協力をお願いした。

インタビュー形式のものは、初めての経験であり、花森さんとのざっと十年間を振り返り、当然話題となるであろうテーマなり、事象なりを用意した。

しかし、インタビュアーの小田光雄氏は、出版史、出版状況について、たいへん詳しいとは聞いていたものの、今回のインタビューを通して、その探求心に基づいた暮しの手帖なり、花森安治にたいする知識量も半端なものではなく、脱帽することたびたびであった。その意味で、この企画無くしては、知りえない話が、随所に出てきた。

終戦前に花森がかかわった伊東胡蝶園、「婦人の生活」、大政翼賛会への参加、そして敗戦――この流れのなかに、花森が『暮しの手帖』の基盤をつくっていく人脈があり、力になっている。戦前戦後をはさむ数年のあいだにあった伝説的な話と、いろいろな人物に関する挿話に興味をひかれた。

ゆきつけの店での飲み仲間と情報を交換するのは、その話題が他人の悪口や醜聞でない限り、まことに楽しい時間で、小田氏との会話は、まさしくこんな雰囲気で進んでいった。

また、小田氏の力量でこれまで語られなかったところにも言及し、花森さんの思いが、改めて強く、深く心に刻みつけられることになった。

花森さんは、暮しに関わるいろいろな場面で数多くの提言を残した。その中で、戦争について、多くの人に、いまだからこそ、あらためて思い起こしてほしい言葉がある。「あとがき」には場違いではあると思うが、あえて掲載させていただく。

人間の歴史はじまって以来、世界中どこの国もやったことのないこと、やれなかったことを、いま、日本はやってのけている。

日本国憲法第九条。

日本国国民は……武力による威嚇又は武力の行使は、国際紛争を解決する手段としては、永久にこれを放棄する。

ぼくは、じぶんの国が、こんなすばらしい憲法をもっていることを、誇りにしている。

あんなものは、押しつけられたものだ、画にかいた餅だ、単なる理想だ、という人がいる。

だれが草案を作ったって、よければ、それでいいではないか。

単なる理想なら、全力をあげて、これを現実にしようではないか。

全世界に向って、武器を捨てよう、ということができるのは、日本だけである。

日本は、それをいう権利がある。

日本には、それをいわなければならぬ義務がある。


（『一戔五厘の旗』「武器を捨てよう」より抜粋）

あとがき　2／河津一哉

「花森というひとはスカートをはいていましたか」という質問は、私が入社したころ（一九五七年）にはもうかなり少なくなりかけていた。でも、「よく怒ったそうですね」という問いは、亡くなってからも続いた。「ええ、怒りましたよ」。幾度となく答えた。「窓ガラスもふるえるほどどね」と強調までつけて。それはまぎれもない事実だった。

しかし、それと正反対のこともあった。語り伝えておかなければ、あのひとは度外れたカンシャクもちだったということにもなりかねない。この機会と場所を利用させてもらって、小さな私ごとながら書きのこしておきたい。

一九六八（昭和四三）年三月五日の夜、編集長室に呼ばれて入ると、卓上の一抱えほどの紙包みを前にして親方は言った。「ちょっと荷物になるが、持って帰ってくれや」。中身が何かは言わない。「まあ、家であけてみろ」。こうして幅六〇、奥行き五〇、高さ五七センチのガラスのケースに入った雛人形のセットがわが家にやってきた。二月二七日に、私には初めての女の子が生まれたばかりだった。

翌朝さっそく礼を言うと、「三日に間に合わなくてすまなかったな。でもまだ買ってないだろ。あれでよかったら使ってくれ」だと。え、赤ん坊のことどうして知ってるの。娘の誕生と重なって、『暮しの手帖』は創刊以来の危機のただ中にあった。93号で、石油ストーブが倒れて火になったら、バケツで水をかければ消えると実験の結果を発表したのに対して、火消しのプロの東京消防庁が、まず毛布で火勢を抑えるのが先、水は油が広がってキケンと反発した。

マスコミはこの対立を「水かけ論争」と名付けて連日報道。ついに二月二一、二二日に公開実験という騒ぎになった。実験場は自治省消防庁の研究所だったから、まったくのアウェイ状態。結論発表日の二九日まで編集長の心労はさぞやと思われた。

結局、シロウトの実証の勝となって決着したが、こんな騒動が割り込んだから、94号の仕事は狂いに狂った。私は「びょうぶ」の工作を担当していたが、毎日深夜まで作業しないと間に合わない。三月三日には、母子ともまだ病院にいたが、帰りはおそいし病院をのぞきにいくこともできなかったのだった。

ガラスのケースの下は、人形をしまう引き出しになっている。底には昭和一四年の二月一八、一九日の東京朝日新聞が敷いてある。人形の目元すずし気な愛すべき顔だち。選んだのはなりたての父だろうか。小さなひな壇をみていると、彼が父親になった日のこじんまりした所帯の面影が目に浮かぶ。

この人形を愛でたであろう花森さんのお嬢さんは、それが巡り巡っていまは私の家なんぞに来ていることをご存じなのだろうか。はたしてお伝えしてお礼をいったものかどうか、実はいまも思案投げ首だ。

そういえばあのとき、人形のやりとりで花森さんは「おめでとう」とはついにいわなかったなあ。ぶっきらぼうな物言いで、あのリアリストはきっとこう言っていたのだ。「またもやしょうこりもなく人生のお荷物をしょいこんで父親になりおったおろかな奴め」。――花森さん、改めましてありがとうございました。

河津一哉（かわづ・かずや）
1930年、熊本生まれ。1957年入社（Ⅰ世紀40号）。1983年、退社（Ⅱ世紀86号）フリーに。2001年、暮しの手帖出版サービス嘱託に。2005年退社。

北村正之（きたむら・まさゆき）
1942年、東京生まれ。教科書会社を経て、1969年入社（Ⅱ世紀1号）。『暮しの手帖』編集部の後、出版サービス室長・書籍編集長を兼務。2009年退社（Ⅳ世紀43号）後、LLPブックエンド設立に加わる。

『暮しの手帖』と花森安治の素顔——出版人に聞く⑳

2016年10月10日　初版第1刷印刷
2016年10月15日　初版第1刷発行

著　者　河津一哉／北村正之
発行者　森下紀夫
発行所　論 創 社
東京都千代田区神田神保町 2-23　北井ビル
tel. 03（3264）5254　fax. 03（3264）5232　web. http://www.ronso.co.jp/
振替口座　00160-1-155266
インタビュー・構成／小田光雄　装幀／宗利淳一
印刷・製本／中央精版印刷　組版／フレックスアート
ISBN978-4-8460-1573-2　